珍藏本
纪念版

汉译世界学术名著丛书

宗教与科学

〔英〕罗素 著

徐奕春 林国夫 译

2017年·北京

汉译世界学术名著丛书
（120 年纪念版·珍藏本）
出 版 说 明

2017 年 2 月 11 日，商务印书馆迎来 120 岁的生日。120 年前，商务印书馆前贤怀揣文化救国的理想，抱持"昌明教育，开启民智"的使命，立足本土，放眼寰宇，以出版为津梁，沟通中西，为中国、为世界提供最富智慧的思想文化成果。无论世事白云苍狗，潮流左右激荡，甚至战火硝烟弥漫，始终践行学术报国之志，无改初心。

迻译世界各国学术名著，即其一端。早在 20 世纪初年便出版《原富》《天演论》等影响至今的代表性著作，1950 年代后更致力于外国哲学和社会科学经典的译介，及至 1980 年代，辑为"汉译世界学术名著丛书"，汇涓为流，蔚为大观。丛书自 1981 年开始出版，历时三十余年，迄今已推出七百种，是我国现代出版史上规模最大、最为重要的学术翻译工程。

丛书所选之书，立场观点不囿于一派，学科领域不限于一门，皆为文明开启以来，各时代、各国家、各民族的思想与文化精粹，代表着人类已经到达过的精神境界。丛书系统译介世界学术经典，引领时代思想，为本土原创学术的发展提供丰富的文化滋养，为推动中国现代学术和现代化进程做出了突出的贡献。

为纪念商务印书馆成立120周年，我们整体推出“汉译世界学术名著丛书”120年纪念版的珍藏本，寄望既利于文化积累，又便于研读查考，同时向长期支持丛书出版的译者、编者和读者致以敬意。

两甲子后的今天，商务印书馆又站在了一个新的历史时间节点上。我们不仅要铭记先辈的身影和足迹，更须让我们的步伐充满新的时代精神。这是商务人代代相传的事业，更是与国家和民族的命运始终紧密相连的事业。我们责无旁贷，必须做好我们这代人的传承与创造，让我们的努力和成果不仅凝聚成民族文化的记忆，还能成为后来人可以接续的事业。唯此，才能不负前贤，无愧来者。

商务印书馆编辑部

2017年10月

目　　录

第一章　冲突的原因

宗教与科学乃是社会生活的两个方面，前者远在我们对人类 7
思想史稍稍有点了解时就已经是很重要的了，而后者在希腊人和阿拉伯人中间时隐时现地存在之后，突然在十六世纪一跃而居于重要地位，而且从此以后对我们生活于其中的思想和制度产生越来越大的影响。宗教与科学之间存在着长期的冲突，直到最近几年为止，科学在这个冲突中总是获得胜利的。但是，俄国和德国都兴起了新的宗教，装备着科学所提供的新的传教活动的工具，这就使这个争端的胜负又难以确定了，就像科学时代初期的情形那样；并且，这些新宗教的兴起使得考察传统宗教与科学知识的冲突的原因和历史再一次成为重要的了。

科学是依靠观测和基于观测的推理，试图首先发现关于世界 8
的各种特殊事实，然后发现把各种事实相互联系起来的规律，这种规律（在幸运的情况下）使人们能够预言将来发生的事物。同科学的这种理论方面联系着的是科学技术，它利用科学知识，生产科学时代以前不能生产的，或者至少是要昂贵得多的享受物和奢侈品。正是由于这一技术方面，甚至连那些非科学家的人们也赋予了科学以如此巨大的重要性。

从社会方面来考虑，宗教是一种比科学复杂的现象。每一种历史上著名的大宗教都具有三个方面:(1)教会,(2)教义,和(3)个人道德法规。在不同的时代和地点,这三个要素的相对重要性是极其不同的。希腊和罗马的古代宗教,在斯多葛派学者使它们成为合乎道德的宗教之前,不大讲个人道德;在伊斯兰教国家中,教会比起世俗君主来已经是不重要的了;在当代新教中,就有放松严格的教义的倾向。然而,所有这三个因素虽然轻重时有不同,但对
9 于作为一种社会现象的宗教来说,却是本质的东西;在同科学的冲突中,关系重大的主要是这一事实。一种纯粹的私人宗教,只要它愿意回避那些科学可能会驳斥的主张,就是在科学极盛时代也可以安稳地幸存下去。

教义是宗教与科学冲突的理智上的原因,但对立之所以尖锐剧烈则一直是由于教义同教会和同道德法规的联系。过去,那些对教义表示怀疑的人们削弱了教士们的权力,可能还削减了教士们的收入;此外,他们还被认为削弱着道德的基础,因为道德义务是教士根据教义推断出来的。因此,世俗的统治者,和教士们一样,感到自己有充分理由害怕科学家们的革命学说。

在下文中,我们将不涉及一般的科学,也不涉及一般的宗教,而只论述宗教与科学过去发生过冲突,或者现在仍然在发生冲突的那些问题。就基督教世界而言,这些冲突有两类。有时偶尔《圣
10 经》中有段文字对某一事实作出某种断言,例如说野兔反刍。当这些断言被科学的观测所驳倒的时候,那些在科学迫使他们改变想法之前,像大多数基督徒一样地认为《圣经》中每一句话都赋有神意的人就因这些断言而为难了。但是,如果《圣经》中这类断言在宗教上并没有内在的重要性,那么就不难通过断定《圣经》只是在

宗教和道德方面才是权威性的，来为这些断言开脱，或者回避争论。然而，当科学驳斥某条重要的基督教教义，或驳斥神学家认为是对正统观念至关重要的某种哲学学说时，冲突就更为深刻了。一般地说，宗教与科学的冲突开始时是属于前一类的，而后来已经逐渐地变得越来越涉及那些现在或者过去被认为是基督教教义的关键部分的问题了。

在今天，信教的男男女女已经开始感到，依然和中世纪时一模一样的基督教的大部分教义是多余的，而且确实只不过是宗教生活的一种障碍。但是如果我们要了解科学所面临的反对意见，我们必须富有想象力地深入研究使这种反对意见看来似乎很有道理的思想体系。假设有人问牧师他为什么不应当杀人，“因为你会被 11
处以绞刑”这个回答听来是不能使人感到满意的，不但因为绞刑需要确切的理由，而且因为治安措施是那么不可靠，以致大部分杀人犯都逍遥法外。然而在科学兴起以前，有一个几乎使每一个人都感到满意的回答，这就是：“十诫”禁止凶杀，那是上帝在西奈山上给摩西的启示。逃脱了世俗的审判的犯人不可能逃脱神罚，神罚已经对那些不肯悔悟的凶杀犯判以比绞刑远为可怕的刑罚。然而，这个论据依赖于《圣经》的权威，而这种权威，只有接受《圣经》的全部经文才能维持完整无损。既然《圣经》似乎说地球是不动的，那么我们就得不管伽利略的种种论据而坚持这种说法，因为否则我们就是在怂恿杀人犯和其他所有的各种罪犯。尽管现在几乎没有人会接受这个论据了，但是我们不能认为这个论据是荒唐可笑的，也不应当用道义上谴责的眼光来看待那些据此行动的人们。

中世纪有教养的人们的观点具有一种现在已经失传的逻辑统 12

一性。我们可以举托马斯·阿奎那为例，把他看作是科学不得不对其进行攻击的那种教义的权威性的解说者。他坚持认为基督教的某些基本真理可以不用启示的帮助，而单靠独力无助的理性得到证明（他的观点仍然是今天罗马天主教教会的观点）。这些真理之一，就是说存在着一个全能的、仁慈的造物主。由于他是全能的和仁慈的，因而他就不会让他的创造物不明白他的神意——明白到这样的程度，足以使他们服从他的意志。因此，一定有神的启示存在，显而易见，在《圣经》和教会的各种决议里就包含着这种神的启示。这一点一经确立，我们需要知道的其他东西就都能从《圣经》和基督教全会的各项公告中推断出来。上述整个论据是从过去几乎为基督教国家的所有人民所接受的前提中演绎出来的，虽然在现代的读者看来，这个论据有时是错误的，可是对当时大多数有学问的人来说，它的种种错误却并不是显而易见的。

13 然而，逻辑统一性既有长处又有弱点。长处是它保证任何人如果接受某一阶段中的这一论据就必须接受以后所有阶段中的这一论据；弱点是任何人如果抵制后来某个阶段中的这一论据也必须抵制至少以前某个时期中的这一论据。教会在其同科学的冲突中既表现出这种长处，又表现出这种弱点，而它们都产生于其教义的逻辑一致性。

科学借以得出它的信条的方法同中世纪神学的方法完全不同。经验表明：从普遍原则出发，从而进行演绎，是危险的，这不但是因为原则可能是不正确的，而且还因为根据这些原则的推理可能是错误的。科学并不是从广泛的假设出发，而是从观察或实验所发现的特殊事实出发。从一些这类事实中得出一条普遍的规律，如果这个普遍规律是正确的，那么这些事实就是这个普遍规律的例证。这种规律不是断然规定的，而是在开始时被作为一个有用的假设来接受的。要是这个假设是正确的，那么人们从来没有观察到的某些现象就会在某种情况下发生。如果发现这些现象真的发生了，那么在这范围内就算证实这个假设是正确的；如果它们 14
没有发生，那么这个假设必须被抛弃，并且必须发明一种新的假设。然而，人们发现许多事实符合假设，但不能使假设确定无疑，尽管最终它也许在很大程度上被认为是有可能被证实的；假如那样的话，那么它就被称为理论，而不叫做假设。许多不同的理论（每一个都是直接建立在事实的基础上的）可能成为一个新的、更加普遍的假设的基础，如果这个假设正确，这些理论都可以根据它推断出来；而且这种普遍化的过程是没有止境的。但是，在中世纪的思想中最普遍的原则是出发点，而在科学中它们却是最终的结果——也就是说在特定的时候是最终的，尽管在后期它们很可能成为某个更加广泛的规律的例证。

宗教教义和科学理论不同，它自称含有永恒的和绝对可靠的真理，而科学却总是暂时的，它预期人们一定迟早会发现必须对它的目前的理论作出修正，并且意识到自己的方法是一种在逻辑上不可能得出圆满的、最终的论证的方法。但在先进的科学中，所需要的变化一般只是那种用来提供稍稍更大一点的准确性的变化；在仅仅涉及粗略的近似值的范围里，旧理论仍然有用，但是当某种新的精确观察成为可能时，人们就发现它们失去了作用。此外，受 15
旧理论启示而搞出来的技术发明仍然足以表明旧理论在某种程度上具有一种实践真理。因此，科学鼓励人们抛弃对绝对真理的追

求，而代之以可以称为“技术”真理的东西，“技术”真理属于任何一种能够成功地应用于创造发明或预示未来的理论。“技术”真理是一个程度问题：产生出较多有成就的发明和预示的理论，比产生出较少的发明和预示的理论更为正确。“知识”不再是宇宙的精神反映，它只是处理事物的实用工具。但是科学的先驱们并没有认识到科学方法的这些含意，虽然他们实行了追求真理的新方法，但是他们仍然同自己的神学对手一样绝对地看待真理本身。

中世纪的观点与近代科学的观点的重大差别是关于权威的不同看法。在经院哲学家看来，《圣经》、天主教教义以及亚里士多德
16 学说（几乎同样），是无可置疑的；有创见的思想，甚至对于实情的考察，对这些防止大胆思索的永恒不变的界线都不得越雷池一步。地球背后是否有人，木星是否有卫星，以及落体的速度是否同它们的质量成比例，这些问题不是由观察来决定，而是根据亚里士多德或者《圣经》的推论来决定。神学与科学的冲突，也就是权威与观察的冲突。科学家们并不因为某个显要的权威说过某些命题是正确的，就要求人们信奉它们；相反，他们诉之于感官的证据，并且仅仅坚持那种他们认为是以事实为依据的学说，这些事实对于所有愿意进行必要的观测的人来说都是明白无误的。这种新方法在理论和实践上获得了如此巨大的成就，以至于迫使神学逐渐地去适应科学。人们用寓意或者比喻的方法解释使人有所未便的经文；新教徒移动了宗教中权威的位置，起初是把权威从教会和《圣经》
17 转移到单独的《圣经》方面，然后又把它转移到各个人的心灵里。人们渐渐承认，宗教生活并不是决定于对事实的看法的，例如历史上存在过亚当和夏娃与否，那是无关紧要的。这样，宗教用放弃外

垒的办法，一直想保持城堡的完整无损——到底成功与否，要日后始见分晓。

然而，宗教生活中有一个方面与科学发现无关，这方面也许是最令人神往的，不管我们对宇宙的本质想法如何，它都可以保存下来。宗教不仅一直同教义和教会联系在一起，而且还同那些感觉到它的重要性的人们的私人生活联系在一起。在最杰出的圣徒和神秘主义者的头脑中，并存着对某些教条的信仰和对探究人生目的的某种方法，两者结合在一起。现在，人们常常把那种深入探究人类命运问题，渴望减轻人类苦难，并且恳切希望将来会实现人类最美好前景的人，说成具有宗教观点，尽管他也许并不接受传统的基督教。只要宗教存在于某种感觉的方式中，而并不存在于一套信条中，那么科学就不能干预其事。教条的衰微也许在心理上会使这种探究的方式暂时困难一些，因为这种探究的方式已经同神学信条如此紧密地联系在一起。但是这个困难无须永远持续下 18
去；事实上，许多自由思想家的生平已经表明：这种探究方式同教义没有本质上的联系。真正卓越的东西不可能同毫无根据的信条难分难解地联系在一起；如果神学信条是没有根据的，它们就不可能为保持宗教观点中好的东西所必需。采取不同的思想必然会使我们满怀恐惧，不知道我们会发现什么，这将妨碍我们试图认识这个世界；但是，真正的智慧之成为可能，其程度只能视我们认识世界的深浅而定。

19

第二章　哥白尼学说的革命

神学与科学的第一次对阵战是关于我们现在称之为太阳系的中心是地球还是太阳这个天文学上的争论，这场争论的有些方面是非常著名的。当时正统的理论是托勒密学说，根据这种学说地球处于宇宙的中心，是静止不动的，而太阳、月亮、行星以及恒星体系都按照各自的圆形轨道围绕着地球旋转。根据哥白尼的新学说，地球根本不是静止的，而是一直在作双重运动，即每昼夜自转一周和每年公转一周。

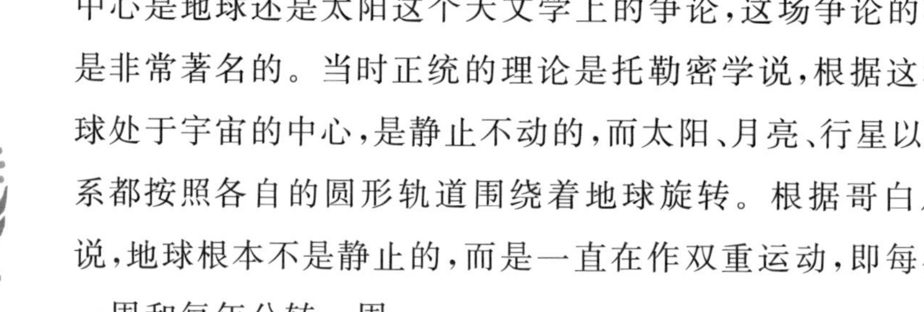

尽管我们称之为哥白尼学说的这种理论在十六世纪以其全部新奇的力量问世，但是实际上却是希腊人早就创立了的，这些希腊人在天文学方面是非常有才能的。毕达哥拉斯学派曾提倡过这种理论，他们认为它是由他们学派的创始人毕达哥拉斯提出来的，这也许不符合历史事实。人们清楚地知道，曾经说过地球在动的第
20 一个天文学家是萨摩斯岛的亚里斯塔克，他生活于公元前三世纪。他在许多方面具有非凡的才能。他发明了一种计算太阳和月亮的相对距离的方法，虽然由于观测上的错误，他的结论很不正确，但这种方法在理论上却是正确的。同伽利略一样，他被诬陷为不敬神，并遭到斯多葛派克雷安德的斥责。但是在他所处的时代里顽固派对政府没有影响，因而这种斥责显然无损于他。

希腊人在几何学方面很有才能，这使他们对某些问题得出了
科学的论证。他们知道月食日食的原因，并且根据地球投影于月
球的形状，推断出地球是一个球体。伊拉托斯蒂尼发现了估计地
球大小的方法，他在世的日子比亚里斯塔克稍晚一些。但是希腊
人甚至连力学的基本原理都不懂，因此那些坚持毕达哥拉斯地动
说的人们不能为自己的观点提出任何强有力的论据。大约公元 21
130 年，托勒密抵制亚里斯塔克的观点，恢复了地球在宇宙中心的
特权地位。在整个古代后期和中世纪，对他的观点一直是毫无异
议的。

哥白尼（1473—1543 年）享有用他的名字命名哥白尼体系的荣誉，也许这种荣誉是不应当属于他的。他曾在克拉科夫大学学习，后来去意大利，当时他还是一个青年。1500 年，他已经是罗马的一位数学教授了。但是，三年之后他又回到了波兰，在那里从事改革币制和抗击条顿骑士。从 1507 年到 1530 年的二十三年里，他的业余时间都用在著述他的巨著《天体运行》（*On the Revolution of the Heavenly Bodies*）上，此书于 1543 年，刚好在他逝世前出版。

哥白尼理论虽然作为使进一步发展成为可能的想象力的一个
富有成效的努力来说，是很重要的，但是它本身还是非常不完善
的。我们现在知道，行星绕太阳旋转的轨道不是正圆形的，而是椭
圆形的；太阳不是居这椭圆的中心，而是居它的一个焦点。哥白尼
坚持认为行星的运行轨道一定是正圆形的，并且通过假设太阳不
在任何一个行星轨道的正中心来说明种种不规则性。这使他的体 22
系失去了一部分较之托勒密体系具有最大优点的单纯性，而且，如

果没有开普勒对它的纠正,就会使牛顿的概括成为不可能。哥白尼知道他的主要学说亚里斯塔克早已提出过,他的这一知识应归功于意大利的文艺复兴,要是没有文艺复兴,即那种无限制地赞美古代的时期,他也许没有勇气发表他的理论。其实他迟迟没有公开发表,因为他害怕教会的谴责。哥白尼本身是一个教士,他把自己的著作题献给罗马教皇,他的出版者奥羡德又附了一篇序,序中说地动说只是作为一种假说而提出来的,而并不是作为绝对真理来断言的(这篇序言也许没有经哥白尼认可)。这些策略在一个时期内是足够的了,只是到伽利略提出更加大胆的挑战时,才引起了官方对哥白尼算旧账的谴责。

起初,新教徒几乎比天主教徒更激烈地反对哥白尼。路德说:
23 “大家都听这么一个突然发迹的占星家讲话,他处心积虑要证明天
空或苍穹、太阳和月亮不转,而是地球转。凡是希望显得伶俐的
人,总要杜撰出某种新体系,它在一切体系中自然是顶好不过的
啰。这蠢才想要把天文这门科学全部弄颠倒;但是《圣经》告诉我
们,约书亚命令太阳静止下来,没有命令大地。”梅兰克森同样强烈
反对哥白尼;加尔文也是如此,他引用了经句“世界亦坚定,不得动
摇”(《诗篇》第九十三篇第 1 节)之后,扬扬得意地推断说:“有谁胆
敢将哥白尼的威信高架在圣灵的威信之上?”甚至后来迟至十八世
纪,威斯莱虽然不敢那么激烈地反对哥白尼,也还是说这种天文学
的新学说“倾向于不虔敬”。

对此,我认为在某种意义上说威斯莱是对的。人的重要性无论对《旧约全书》还是《新约全书》来说,都是其教义的本质部分;的确,上帝创造宇宙的目的看来主要是为了人类。要是人不是最重

要的创造物，那就不可能有耶稣下凡，替世人赎罪这些教义。哥白
尼天文学中并没有任何东西**表明**我们比我们自然地想象的我们自 24
己要不重要，但是废黜我们地球的中心地位，就会使人想象同样地
废黜了地球上的人类。当人们心目中认为太阳和月亮、行星和恒
星天天绕地球一周的时候，很容易认为它们是为了我们的利益而
存在的，造物主对我们特别感兴趣。但是，当哥白尼和他的后继者
使世人相信旋转的正是我们，而星星则不理会我们的地球时；当人
们进一步觉得地球比一些行星小，行星又比太阳小时；当人们通过
计算和望远镜揭示了太阳系、我们的星系以及最终揭示了由无数
星系组成的宇宙的无边广阔时——尽管传统神学赋予人类以宇宙
的意义，但是人们越来越难以相信，这个偏僻而又狭小的避难所怎
么会具有被认为是人类故乡所应有的重要性。光是从大小上考虑
也使人想到我们也许不是宇宙的目的；缠绵的自尊心悄悄嘀咕：如
果**我们**不是宇宙的目的，那么很可能宇宙就根本没有目的。我的 25
意思不是说这类见解具有任何逻辑上的说服力，更不是说它们是
突然由哥白尼体系所广泛地唤起的。我的意思仅仅是：对于那些
头脑中形象地存在着哥白尼体系的人们[①]来说，这个体系就很可
能激发他们产生这类见解。因此，基督教教会——新教教会和天
主教教会都一样——对这种新的天文学怀有敌意，为给它打上异
端邪说的烙印而寻找种种根据，那是不足为奇的。

天文学的下一大步是由开普勒（1571—1630年）迈出的，他的

① 例如，在宗教裁判所监狱里关了七年，于1600年被活活烧死的乔尔丹诺·布鲁诺。

见解虽然同伽利略相同，然而他从来没有同教会发生过冲突。相
反，因为他在科学上的显赫名气，天主教当局宽恕了他对新教的信
仰[①]。他曾在格拉茨城任教授职务，当这个城市从新教徒的控制
下转到天主教徒的手里时，信仰新教的教师都被免职了；而开普勒
虽然逃跑了，但由于耶稣会的偏袒却恢复了职务。他继泰寇·布
26 剌之后成了卢多勒夫二世皇帝统治时期的“御用数学家”，并且继
承了泰寇的非常珍贵的天文记录。他要是靠他的公职来生活，那
就会饿死，因为他的薪俸虽然不少，却是并不付给的。可是，开普
勒不但是天文学家，而且还是一位占星家——也许是一位信以为
真的占星家，当他为皇帝和其他达官贵人们占星算命时，就能够要
到现钱。他带着一种使人心平气和的坦率口吻说：“赐予一切动物
以生存手段的大自然，把占星术作为一个助手和伙伴赐给了天文
学。”占星算命不是开普勒生活的唯一来源，因为他还娶了一位继
承财产的妻子；虽然他总是喊穷，但他死后人们发现他根本不穷。

开普勒的才智是非常奇特的。他支持哥白尼假设，最初是出
于太阳崇拜，这和出于另一些更合理的动机，几乎不相上下。他异
想天开地假设，认为五种正多面体同五个行星，即水星、金星、火
27 星、木星和土星之间肯定存在着某种关系，而以这种假设为指导，
他在辛勤的工作中却发现了行星运动的三个定律。这是科学史上
经常出现的事情的一个极端的例子，即最终证明是正确的和重要
的理论，最初是由于它们的发现者有一些完全是不切实际的、荒谬
的考虑而想出来的。事实是，要提出正确的假设是很不容易的，并

① 或者更确切地说，大概是因为皇帝重视他在占星术方面的效劳。

不存在任何技巧可以促进科学发展中这一最根本的步骤。因此，用来提出新假设的任何有条理的方案总是倾向于是有益的；如果坚信计划，就能使研究者耐下心来，继续不断地对新的可能性进行试验，不管已经不得不抛弃了多少可能性。开普勒就是如此。他的最终成就，尤其他的第三个定律，应归因于惊人的耐心；但他的耐心是由于他的神秘的信念，他相信，与正多面体有关的某种东西必然会提供某种线索，而且，行星由于旋转产生一种“天体音乐”，这种音乐只有太阳的心灵才能听见——原来他坚信太阳是一种或多或少具有圣灵的物体。

开普勒的前两个定律发表于 1609 年，第三个定律发表于
1619 年。从我们关于太阳系的总图景的观点来看，三个定律中第 28
一个定律是最重要的，这条定律说：行星沿椭圆轨道绕着太阳旋转，太阳占据这椭圆的一个焦点。（画椭圆时，在一张纸上钉上两根针，比方说相距一英寸，然后拿一条线，比方说两英寸长，把线的两头系在这两根针上。拉紧这条线所能画到的所有的点都是在椭圆的圆周上，这两根针就是这个椭圆的两个焦点。那也就是说，椭圆是由所有这样的点所组成，从两个焦点到椭圆圆周上的任何一点的距离之和，总是相等的。）最初，希腊人设想一切天体肯定是成圆周运转的，因为圆是最完美的曲线。当他们发现这一假设行不通时，便接受了行星是做“周转圆”运动的观点，周转圆就是本身在做圆周运动的点所绕的圆。（画周转圆时，拿一个大车轮平放在地面上，再取一个小车轮，轮缘上穿透着一颗钉，让小车轮沿大车轮滚动，钉尖接触地面。这时钉子在地上所画的痕迹就是周转圆。
如果说，地球绕太阳做圆周运动，月球绕地球做圆周运动，那么，月 29

球就绕着太阳做周转圆运动。)虽然希腊人非常了解椭圆,并曾仔细研究过它们的数学特性,但他们从来没有想到过这种可能性,即天体能做圆周或者复杂化的圆周运动以外的任何方式的运动,因为他们的审美观支配着他们的思辨,使他们只接受最匀称的假设而拒不接受其他一切。经院哲学家们继承了希腊人的偏见,而开普勒是第一个敢于在这方面反对他们的人。由于审美的原因而产生的偏见就像那些道德上或神学上的偏见一样使人误入歧途,光根据这条理由,开普勒也该是第一流的革新家。然而,开普勒的三条定律在科学史上具有另一种更重要的地位,因为它们为牛顿的万有引力定律提供了证据。

开普勒的定律与万有引力定律不同,它们纯粹是描述性的。它们没有提出行星运动的任何总的原因,但阐述了用以总结观察结果的最简单的准则。描述的简明性,到那时为止,一直是主张行星不是围着地球而是围着太阳转,表面上的天空周日运行其实是
30 由于地球自转的那种理论的唯一优点。对十七世纪的天文学家来说,*看来*这种理论的优点不仅仅是简明性,地球*确实*在自转,行星*确实*围着太阳运行,而牛顿的工作又支持了这一观点。但是我们实际上不可能区分地球绕太阳运行的假设和太阳绕地球运行的假设,因为一切运动都是相对的。这两种假设只是对同一件事情的不同描述,就像说 A 和 B 结婚或 B 和 A 结婚一样。但当我们计算具体细节时,哥白尼学说描述得比较简明这一点是如此重要,以致每一个神志清醒的人都不会自找烦恼,去认为地球是静止不动的,而自陷于复杂的情况之中。我们通常说火车开往爱丁堡,而不说爱丁堡开往火车。我们可以说后一句话而不犯智力上的错误,

但我们得设想沿线所有的城镇和田野都突然向南奔去，而且除这
列火车以外世界上的一切都如此，这在逻辑上是可能的，但却造成 31
不必要的复杂性。托勒密假设认为的星辰周日运行也是同样武断的，没有意思的，但是这在智力上同样没错。然而，因为开普勒、伽利略和他们的论敌都不知道运动的相对性，所以在他们看来，所争论的问题似乎不是关于描述方便的问题，而是关于客观真理的问题。看来这个误会对当时天文科学的进步是一种必要的刺激，因为，要不是哥白尼假设引入了那些简化，就不会发现支配着天体状况的各种规律。

伽利略（1564—1642 年）是他所处的时代的最著名的科学家，这既是由于他的各种发现，也是由于他同宗教法庭斗争的缘故。伽利略的父亲是一位贫穷的数学家，他竭力使儿子朝着他希望会是比较有利可图的学科的方向努力。他甚至成功地不让伽利略知道有数学这门学科，直到伽利略十九岁那年，作为一个窃听者偶然听了一堂几何课为止。伽利略如饥似渴地钻研这门学科，在他看
来这门学科完全具有禁果的魅力。使人遗憾的是，教师们一直没 32
有吸取这件事的教训。

伽利略的主要功绩是把实验的和力学的技能同用数学公式来表示自己的结论的能力结合起来。关于动力学，也就是说关于支配物体运动的各种规律的研究，实际上是由他开始的。从前希腊人曾研究过静力学，即各种平衡规律。但是，他们和十六世纪的人们对各种运动规律，尤其是变速运动规律的理解则完全是错误的。首先，人们认为运动着的物体若听其自然，就会停止运动，而伽利略却证实了：运动着的物体如果排除一切外部影响，就会沿着直线

按均匀速度继续运动下去。换一说法，为了解释物体的运动变化，无论是方向变化还是速度变化，或者两者兼而有之，而不是为了解释物体运动，就得探索周围的情况。运动的速度或方向的变化叫做加速度。因此，说明物体为什么像实际那样运动时，表明外部作
33 用力的是加速度，而不是速度。这一原理的发现是动力学必不可少的第一步。

伽利略用这个原理解释他的落体实验的结论。亚里士多德曾教导说，落体的速度同它的重量成正比；那就是说，要是一个物体重（比如说）十磅，另一个物体重（比如说）一磅，把它们同时从同样的高度丢落，那么那个一磅重的物体的落地时间就会比那个十磅重的物体长十倍。伽利略当时在比萨当教授，可是他不顾其他教授们的反感，常常当他的那些亚里士多德学派的同事去讲课路经斜塔时，从斜塔上丢铅块。大铅块和小铅块总是几乎同时着地，这一事实向伽利略表明亚里士多德是错误的，但对于其他教授们来说，却表明伽利略是心怀叵测的。由于种种恶意行为（从斜塔上丢铅块是其中典型的一例），他招致了那些认为真理是从书本中求得的，而不是从实验中求得的人们的永久仇恨。

伽利略发现，把空气阻力除外，物体自由下落时带有一种匀加速度，不论物体的体积大小或由什么材料所组成，它们的这种匀加
34 速度在真空中都是同样的。在真空中，自由落体的速度每秒钟大约增加 32 英尺。他还证明，水平发射出去的物体，如同子弹那样，作抛物线运动，而从前则认为它暂时沿水平方向运动，然后垂直下落。这些成果现在看来也许不是非常了不起的事情，但它们却是关于物体如何运动的准确的数学知识的开端。在伽利略以前，有

一种纯数学，它是演绎的，不依赖于观察；当时人们完全根据经验进行某些实验，这尤其表现在炼金术方面。但是，为了获得数学定律，做了极其大量的工作以开创实验实践，从而使数学能应用于没有先验知识的素材的，是伽利略。而且他还竭力明确无误地不可否认地指示，一代接一代地重复某一断言是何等容易，尽管稍微对它检验一下就会暴露其谬误性。从亚里士多德到伽利略整整两千
年，没有一个人想到过要考查落体定律是否就像亚里士多德所说 35
的那样。在我们看来，考查这种说法也许很平常，但是在伽利略时代，这是需要有天才的。

尽管关于落体的那些实验也许使学究们感到恼火，但宗教法庭则无由谴责它们。把伽利略引到更加危险的境地的，是望远镜。听说有个荷兰人发明了这样一种仪器，他也制作了一架，很快就发现了许多新的天文事实，在他看来其中最重要的是木星有卫星。根据哥白尼的理论，这些卫星作为太阳系的一个小型复制品是很重要的，然而，它们很难适合于托勒密体系。此外，当时有各种各样的理由来解释为什么除恒星外恰好有七个天体（太阳、月亮和五大行星），因而另外再发现四个天体是非常令人难堪的。过去不是有亚细亚七教会和《启示录》中所说的七枝金烛台吗？亚里士多德学派的人们死也不肯通过望远镜看东西，并且固执地认为木星的
各个卫星是幻象。① 但是伽利略深谋远虑地以托斯卡纳大公之名 36
把它们取名为“Sidera Medicea”（梅狄奇家之星），而这样做对使政

① 例如，克拉弗斯神甫曾说过：“要看到木星的卫星，就得制造一种能创造它们的仪器。”怀特：《科学与神学的斗争》（*Warfare of Science with Theology*），第一卷，第132页。

府相信它们是确实存在的起了很大作用。要是它们不为哥白尼体系提供了一个论据的话，那么，那些否认它们存在的人们也许就不会一直坚持他们的立场了。

除了木星的卫星外，望远镜还揭示了其他使神学家感到恐惧的事情。它显示金星像月球一样也有盈亏；哥白尼曾认为根据他的理论事实就该如此，因此伽利略的仪器把反对哥白尼的论据变成了对他有利的论据。通过望远镜发现了月球上有山脉，由于某种原因这被认为是令人震惊的。而更可怕的是发现太阳有黑子！人们认为这倾向于表明上帝的作品也有瑕疵，因此在各教会大学中禁止教师们谈论太阳的黑子，在其中某些大学里这个禁令持续
37 了好几百年。有个多明我会的修道士曾因作了一次以带双关语的经句："加利利人啊，你们为什么老是仰望着天空"为题的布道，而受到提拔。他在这次布道中强调说几何学乃是魔鬼的学问，应当把数学家当作一切异端的发起人加以驱逐。神学家们也赶紧指出，这个新学说会使耶稣下凡的教义难以置信。此外，因为上帝绝不做徒劳的事情，我们得设想其他行星上住有居民；但这些行星上的居民是诺亚的后裔呢，还是由耶稣基督拯救出来的呢？上述仅仅是可怕的疑问中的少数几个，据红衣主教和大主教们说，这些疑问很可能是邪恶好奇的伽利略提出来的。

所有这一切的结果是宗教法庭着手处理天文学，并且根据圣经中某些经句的推论，得到两条重要的真理：

"第一个命题，即太阳是中心并且不绕地球旋转，在神学上是愚昧的、荒唐的、虚妄的，而且是异端的，因为很清楚这同圣经说的正好相反……第二个命题，即地球不是中心而是绕太阳旋转，在哲

学上是荒诞的、虚妄的，至少从神学的观点看来，是违反真诚的信仰的。”

于是，教皇命令伽利略出庭受审，宗教法庭勒令他发誓抛弃其 38
错误，1616 年 2 月 26 日他遵命照办了。他庄重地保证不再保持哥白尼的见解，不再用文字形式或口述形式讲授这种见解。可别忘了，当时离布鲁诺被火焚才十六年。

因此，经教皇提议，把所有讲授地动的书籍列入禁书；哥白尼本人的那部著作在当时第一次受到了谴责。伽利略隐退到佛罗伦萨，在那里他暂时避免得罪他的得胜的敌人，过得很安宁。

然而，伽利略秉性乐观，他老是喜欢用戏谑话挖苦愚笨的人。1623 年，他的朋友红衣主教巴伯里尼当了教皇，号乌尔班八世，这就使他产生了安全感，后来事实表明，这种感觉是没有根据的。他开始撰写《关于两大世界体系的对话》(*Dialogues on the Two Greatest Systems of the World*)，此书在 1630 年完稿，1632 年出
版。这本书涂上一层薄薄的伪装，似乎对托勒密和哥白尼的两“大 39
体系”的争端不作结论，但事实上全书为维护哥白尼体系提供了一个有力的论据。这是一部辉煌的著作，风行于整个欧洲。

但是在科学界热烈欢呼的同时，教士们则大发雷霆。在伽利略被迫保持沉默的那段时间里，他的敌人利用那些不可轻率予以反驳的论据，趁机加剧偏见。他们力陈伽利略学说是与“圣体实在”的教义不相容的。耶稣会神甫梅尔基奥尔·英柯华坚持认为：“所有异端中地动说是最可恶、最有害、最可鄙的；地球的稳定性是非常神圣的；宁可暂时容忍反对灵魂不死、上帝存在和降生转世的论点，也不能片刻容忍证明地动的观点。”神学家们用这种驱策猎

狗的“嘀、嘀”声来互相鼓动，他们都作好准备，要去追捕一个因疾病而衰弱，而且眼睛正在逐渐变瞎的老人了。

伽利略再次被招到罗马在宗教法庭受审，由于法庭感到自己
40 受了愚弄，因此气氛比 1616 年那次更为严酷。起初，他提出自己病得很重，经不起从佛罗伦萨到罗马这段路途的折腾；于是教皇威胁要派他自己的医生去检查这个罪犯，如果检查证明他的病情并非十分危急，就要给他系上镣铐带走。这迫使伽利略没等他的敌人派来的医使作出判断，就启程了，因为当时乌尔班八世已是他的死敌。他一到罗马就被投进宗教法庭的监狱，并且受到威吓；如果不肯放弃信仰，他的敌人就要施加严刑。宗教法庭在“召唤了耶稣基督及其无上光荣的圣母马利亚的最神圣的名字”之后，宣布：“假如你当着我们的面真心实意地抛弃、咒骂、憎恨上述错误和异端”，那么就能免受那些对待异端的刑罚。不过，尽管悔过认错，“我们还得判你刑，把你关在这个宗教法庭的正式监狱里，直到我们愿意放你的时候为止；而且我们命令你三年内每星期背诵一次七苦行诗篇，以此作为有益的赎罪形式。”

这种相当宽大的判决是以抛弃信仰为条件的。因此，伽利略
41 当众跪着朗读由宗教法庭起草的冗长的信仰表白书，其中他读道：“我抛弃、咒骂、憎恨上述的错误和异端……我发誓，以后无论在口头还是书面上，决不再说或者主张会引起人们对我有同样怀疑的一切。”接下去他允诺，以后他要是发现任何信奉邪说之徒还坚持地动说的话，就要向宗教法庭告发；他手按福音书宣誓，他自己已经抛弃这个学说。宗教法庭通过迫使这位当时最伟大的人物犯伪证罪，而维护了宗教和道德的利益；它对此感到满意，因此便准许

伽利略过着隐居和默默无闻的生活，以了余生，虽然，他的确没有坐牢，但一切行动都受到限制，而且不许会见亲属和朋友。1637年他双目失明，1642 年去世——正是牛顿诞生的那年。

教会在所有它所能控制的学术和教育机构里，禁止把哥白尼体系当作正确的东西来讲授。直到 1835 年为止，宣讲地球运动的著作一直被列为禁书。1829 年华沙举行托瓦森的哥白尼塑像揭幕典礼，当时许许多多群众集会向这位天文学家表示敬意，但是几 42
乎没有一个天主教神甫出场。整整两百年内，对这一在那段时期里几乎始终为一切有能力的天文学家所接受的理论，天主教会采取了一种无可奈何的日渐放松的反对态度。

我们不应当认为，开始时新教神学家对这些新理论的态度比天主教徒有什么较好的地方。但是由于某些原因，他们的反对并不是那么有力。在新教国家里，不存在像宗教法庭那么强大的机构来以正统观念强加于人；此外，教派的繁多也使有效的迫害难以进行，而由于宗教战争使得他们期求结成“统一战线”，情况就更为如此了。笛卡儿听说伽利略于 1616 年被判罪，大为惊恐。他逃到荷兰，在那里，尽管神学家们吵吵嚷嚷地要求惩罚他，但是荷兰政府坚持它的宗教宽容原则。尤其重要的是，新教教会并不受自称教义一贯正确的那种主张的羁束。虽然人们是照字面来理解圣经的，但对它们的解释则由各人自行判断，这就很容易找到把令人为难的经句解释过去的方法。新教是作为对教会统治的一种反抗而 43
兴起的，它到处扩大世俗当局的势力以压低牧师。毫无疑问，要是牧师们有权力的话，他们就会利用来制止哥白尼学说的传播。迟至 1873 年，美国路德教神学师范学院的一个前任校长还在圣路易

斯发表一本天文学著作，其中解释说，真理应当在圣经里，而不应当在天文学家的著作里去寻找，因此哥白尼、伽利略、牛顿以及他们的继承者的学说应当摈弃。但这类为时已晚的非难仅仅是可怜的哀鸣罢了。尽管哥白尼体系并不完善，但它是科学知识发展过程中的一个必要而且非常重要的阶段，这一点今天已为人们普遍接受了。

神学家们在对伽利略取得了灾难性的“胜利”之后，虽然感到为了谨慎起见，应该回避这次做法中的那种官方明确性，但他们还是凭着他们的全部胆量继续用蒙昧主义对付科学。这一点可以用他们对彗星问题的态度来证实，在现代人看来这个问题与宗教并
44 没有十分密切的联系。然而，正因为中世纪神学是一种想使自己成为固定不变的单一逻辑体系，它就不可避免要对几乎所有的事物提出明确的见解，因此很容易卷入对所有尖端科学的论战。由于神学的古老性，它的许多内容只不过是编造出来的、无知的东西，这就使得在开明时代本来不应保存下来的错误带有一种神圣的色彩。说到彗星，教士们的见解有两个原因。一方面，他们所讲的规律的支配作用与我们想象的不同；另一方面，他们认为地球大气层以外的一切应当是不灭的。

首先来谈谈规律的支配作用。过去人们认为有些事物的发生是有规律的，例如日出和季节的更替，而其他事物则是一些暗号和预兆，它们或者预示即将发生的事情，或者叫人们忏悔自己的罪孽。从伽利略时代以来，科学家们认为自然规律就是**变化**的规律：它们指出物体在某种情况下将如何运动，因此使我们能够预测将要发生的事情，但它们并不是简单地宣称曾经发生过的事情还将

发生。我们知道太阳在很长时间内还将继续升起，但由于潮汐摩擦力，这种情况最后可能停止发生，这正是由于现在使它发生的那 45
些规律起作用的缘故。这种概念对于中世纪人们来说是太难了，因而是无法理解的，他们只能理解那些断定事物会连续重现的自然规律。他们把罕见的，或者非重现的事物直接归因于上帝的意志，而不把它们看作是由于某种自然规律作用的结果。

太空中，几乎一切都是有规则的。蚀一度好像是个例外，并引起了迷信的恐怖，但巴比伦的教士们已经使它们有了规律。太阳和月亮，行星和恒星，它们年复一年地继续干着人们预料中的事情；没有观察到有任何新的天体，而那些为人们熟悉的天体也始终没有变老。于是，那时人们就以为，由于造物主为了完美无缺，他一劳永逸地创造了地球大气层以外的一切；生长和衰亡仅限于我们地球，它们是对人类的始祖亚当、夏娃所犯罪愆的一部分惩罚。流星和彗星是短暂的，因此，它们肯定是在地球的大气层里，在月球的下面，是“月下的”（“sublunary”）。就流星来说，这种看法是对的；就彗星来说，则错了。

神学家们竭力坚持这样两个观点，即彗星是不祥之兆；它们在 46
地球大气层里。从古代起，彗星总是被看作灾祸的预兆。在莎士比亚剧本中，这个见解被认为是理所当然的，例如，在《尤利乌斯·恺撒》和《亨利五世》中。土耳其人占领君士坦丁堡，曾使卡利克斯都三世非常烦恼，他是1455年至1458年的罗马教皇，他把这场灾难与一次大彗星的出现联系在一起，并且安排了祈祷日，以便“使所有即将降临于基督徒的灾祸都转降到土耳其人头上”。而且在祈祷中添了这么一句：“慈善的主，请您把我们从土耳其人和彗星

手中拯救出来”。1532 年，克兰默就当时出现的一颗彗星写信给亨利八世，信中说：“上帝知道，这些征象到底预示今后会发生什么奇怪事情：因为它们不是轻易出现的，除非有某个重大事件为背景。”1680 年出现了一颗非常令人惊恐的彗星，当时一位具有令人钦佩的民族主义思想的杰出的苏格兰神学家断言：彗星是“在这个地区对我们的罪孽进行伟大审判的预兆，因为主从来没有对某一
47 民族更加感到过恼怒”。他这样说也许无意中是在效法路德的权威，因为路德也曾断言：“在异教徒的笔下，彗星可能是由自然原因引起的，但是上帝绝不会创造一个不预示必然要发生灾祸的彗星。”

尽管天主教徒和新教徒有什么其他的分歧，但他们在彗星问题上却是一致的。在天主教的大学里，天文学教授们必须发誓与关于彗星的科学观点势不两立。罗马克莱门廷学院校长奥古斯丁·德安古利斯神甫在 1673 年发表了一部气象学著作，他在书中说，“彗星不是天体，而是发生在月球以下的地球大气层里；因为天上的一切都是永存不朽的，但彗星却有始有终——因此，彗星不可能是天体。”这段话是用来驳斥泰寇·布剌的，因为布剌后来在开普勒的协助下提出了充分理由，认为 1577 年出现的那颗彗星是在月球之上。奥古斯丁神甫则假设彗星运动是由上帝委派主管这项工作的天使引起的，以此来说明它们的不规则性。

皇家学会会员拉尔夫·索勒斯比在 1682 年的日记中有一篇
48 就其调和精神而论是非常不列颠型的记载，他写道：“天主使我们适应他能够预示的任何变迁；因为，尽管我不是不知道这类流星是由自然原因引起的，然而它们也往往是自然灾祸的朕兆。”当时哈

雷彗星已经出现，它第一次使得彗星的轨道能被计算出来。

最终证实彗星存在于地球的大气层以外，并受规律支配的，应归功于三个人。一个叫做多尔菲尔的瑞士人指出，1680 年的那颗彗星的轨道近似抛物线；哈雷指出，曾在 1066 年和在君士坦丁堡陷落时引起恐怖的 1682 年那颗彗星(后来就用他的名字来命名这颗彗星)，有一个非常扁长的椭圆形轨道，它大约七十六年绕轨道一周；1687 年，牛顿在《原理》一书中指出，万有引力定律也能像解释行星运动那样令人满意地解释彗星运动。当时那些期求预兆的神学家们就不得不求助于地震和火山爆发。但这些不属于天文学，而属于另外一个学科，即后来发展起来的地质学，它也是要独自与从愚昧时代沿袭下来的教条进行斗争的。

49 第三章 进化

各门科学发展的次序同人们原来可能预料的相反。离我们本身最远的东西最先置于规律的支配之下，然后才逐渐地及于离我们较近的东西：首先是天，其次是地，接着是动植物，然后是人体，而最后（迄今还远未完成）是人的思维。这个问题并不难解释。通晓细节就难以看清大体上的模样；从飞机上勾画古罗马道路的草图要比在地面上容易。一个人的朋友比他本人更了解他可能要做什么事情；在交谈中改变话题时，他的朋友们从他所津津乐道的某个轶事中预见到那可怕的必然要发生的事情，而在他本人看来，他是本着一种毫无规律的、自发的冲动行事的。从直接经验中得到的那种详尽的认识，并不是科学所寻求的那种概括性知识的最方
50 便的来源。不仅各种简单的自然规律的发现，而且还有关于我们所知道的那个世界的逐渐演化的学说，都起源于天文学；但是后者与前者不同，它在解释地球上生命发展过程方面得到非常显著的应用。我们现在正要研究的进化学说虽然起源于天文学，但它在地质学和生物学中具有更重要的科学意义，也正是在这些领域里，它得同那些比用来反对哥白尼体系胜利以后的天文学还更顽固的神学偏见作斗争。

现代人难以认识到对进化和逐渐演化的信仰是不久之前的

事；其实，这几乎完全是牛顿以后才有的。根据正统的观点，世界是在六天内创造出来的，从那时起，它就包含了现在所包含的所有天体、各种各样的动植物，以及在诺亚时代的那次大洪水中已经毁灭了的某些其他东西。像大多数神学家现在主张进步绝不是宇宙
的规律一样，所有基督徒都相信在人类始祖堕落时代有过一连串 51
可怕的灾祸。上帝曾经嘱咐亚当和夏娃不要吃某种树上的果子，但他们还是吃了。因此上帝判处他们和他们所有的后裔成为不能免死的凡人，而死后甚至他们最远的子孙在地狱里也得永遭天罚，只有按照计划挑选出来的某些人可以例外，而对于这种计划，是有过很多争议的。从亚当犯罪以后，动物开始互相捕食，蓟和蒺藜生长起来，开始有不同的季节，甚至土地也受到诅咒，除了作为痛苦劳动的成果外，它不再为人类生长吃用的东西。不久，人变得非常邪恶，以至除了诺亚和他的三个儿子及其儿媳外，所有的人都淹死在那次大洪水里。人们认为，自那以后人并没有变得善良起来，但天主已答应不再普降洪水，现在偶尔有些火山爆发和地震，他就心满意足了。

要知道，所有这些，无论是圣经上确实讲过的，还是根据圣经上讲过的事情推论出来的，过去都被认为是确凿的历史事实。创世的年代可以根据《创世记》中的家谱推断出来，这些家谱记载着
每个族长生下第一个儿子时是多大年纪。由于某些模棱两可的 52
话，以及圣经的希腊文本和希伯来文本的不同，本来可以容许有某种争论的余地；但是，最后新教基督徒普遍接受了厄谢尔大主教确定的公元前 4004 年这个年代。剑桥大学副校长莱特富特博士接受了这个创世年代，他认为如果仔细研究《创世记》有可能推算得

更加精确；据他说，人是十月二十三日上午九点创造出来的。但这始终没有成为信条；倘若你的理由来源于《创世记》，你就可以相信亚当和夏娃降世于十月十六日或三十日，而不冒异端邪说之险。当然，谁都知道那天是星期五，因为上帝是在那个星期六休息的。

那时，人们希望科学把自己限制在这狭窄的框框里，并且公开辱骂那些认为这个看得见的宇宙远远不止存在六千年的人。虽然这些人已不会再遭到火焚或监禁，但神学家们却想方设法使他们生活悲惨，并阻挠他们学说的传播。

53 哥白尼体系已为当时人们所接受，牛顿的工作并没有再动摇宗教的正统观念。牛顿本人是一个非常虔诚的人，他信奉《圣经》的圣灵启示。他心目中的宇宙是一个其中没有发展的宇宙，而且很可能是整个地创造出来的，尽管他没有讲过那种话。为了说明那些使行星不至于坠入太阳的行星切向速度，他假设行星起初是上帝用手抛掷出去的；以后所发生的一切则以万有引力定律来解释。诚然，牛顿在给本特利的一封私信中指出过一种方式，太阳系很可能就是采取这种方式由一种几乎分布得很均匀的原始物质发展而成；但是，就他正式公开发表的有关言论来说，他似乎赞成太阳和行星是突然创造出来的，创造时的模样就像我们现在看到的一样，并没有给宇宙进化留有任何余地。

十八世纪特有的那种虔敬，来自牛顿，根据这种信仰，上帝基本上是以立法者的身份出现的，他首先创造世界，然后制定规则以决定此后其他一切事情，而不需要他的专门干涉。这种正统观念
54 允许有例外：如有一些与宗教有关的奇迹。但在自然神论者看来，
一切都毫无例外地受自然规律的支配。这两种观点在波普的《人

论》(*Essay on Man*)中都可以找到。他在一段里这样写道:

> 全能的上帝
> 根据普遍而非局部的规律行动;
> 很少有例外。

但是当他忘却了正统观念的要求时,这些例外就消失了:

> 大自然的链条,不管你砸哪个环节,
> 第十节还是第一万节,同样会把它砸断。
> 如果每一个演化中的体系的运行
> 对惊人的整体同样重要,
> 那么,不可能光在某个体系中产生小小一点混乱,
> 而只能整个体系都混乱,那个整体就得崩溃。
> 倘若地球失衡,逸出它的轨道,
> 行星和恒星就会满天乱跑;
> 倘若统治的天使被抛出他们的星球,
> 万物就会相撞,天体就会相继覆亡;
> 天堂的全部地基向着它们的拱架颠动,
> 大自然朝着上帝的宝座颤抖!

安娜女王时期表明,规律的支配是与政治上的稳定和那种认为革命时代已经过去的信念联系在一起的。当人们又开始要求变革时,他们关于自然规律作用的概念就变得不那么稳定了。

55 1755年，康德在一本题为《自然通史与天体理论，或根据牛顿定理研究整个宇宙的结构及其力学起源》(*Natural History and Theory of the Heavens, or Investigation of the Constitution and Mechanical Origin of the Whole Structure of the Universe, treated according to Newtonian Principles*)的书中，为创立太阳、行星和恒星的生成的科学理论作了第一次认真的尝试。这是一部非凡的著作，它在某些方面预见到了现代天文学的成果。这部著作一开头就指出，所有肉眼能够看得到的星星都属于一个系统，即银河系。所有这些星星几乎都位于一个平面上，因而康德认为它们具有一种类似于太阳系的统一性。他以富于想象的卓越洞察力认为，星云是其他类似的，但却非常遥远的星群——这是现在普遍持有的一种观点。他有这样一种理论，即星云、星系、恒星、行星和卫星都是由密度恰巧比其他地方稍大一些的区域周围的原先漫散的物质凝固而成的，这种理论虽然一部分在数学上站不住脚，但是
56 大体上同后来的研究方向是一致的。他相信，物质的宇宙是无限的，他说这是唯一无愧于造物主的无限性的见解。他认为有一个从混沌状态到有组织状态的渐化过程，这个过程开始于宇宙的重心，从这点向最遥远的地方缓慢地扩展，这是一个涉及无限空间、需要无限时间的过程。

这部著作之所以著名，一方面是由于它提出物质的宇宙是一个整体这个概念，星系和星云皆是这个整体的组成单位；另一方面，还由于它提出从几乎没有差异的整个空间的原始物质分布中逐渐发展的见解。这是用进化代替突然创造的首次重大尝试，而有趣的是，这种新观点最初出现在同我们地球上的生命毫不相关

的天体理论中。

然而由于各种原因，康德的这部著作不大引人注意。这部著作发表时，他还是一位青年（三十一岁），当时还没有多大名气。他是一个哲学家，不是职业数学家或者职业物理学家，他缺乏动力学方面的知识，这表现在他认为一个独立自足的体系能获得它本来所没有的旋转运动。此外，他的理论有些部分纯粹是空想的东西， 57
例如，他认为离太阳越远的行星，它上面的居民一定越优秀；这种见解表现出人类谦虚，应当称赞，但并没有任何科学根据。由于这些原因，康德的这部著作在拉普拉斯提出类似的然而更有专业能力的理论以前，几乎一直没有受到人们的注意。

1796 年，拉普拉斯在他的《宇宙体系论》（*Exposition du Systéme du Monde*）中首次发表了著名的星云假说，他显然完全不知道这一假说在很大程度上已经由康德先提了出来。在他看来，这始终不过是一种假说，而且是“抱着一切不是从观察或计算得出的结论都必然会引起的那种疑惑态度”，在一个注释里提出来的；但是，尽管这一假说现已废弃，它却支配思考达一百年之久。拉普拉斯认为，现在由太阳和行星组成的体系本来是一团漫散的星云；星云逐渐收缩，因此其转速也逐渐变快；离心力把团团块块甩了出去，这些团团块块便成了行星；同样的过程重复出现，从而产生了行星的卫星。拉普拉斯生活于法国革命的时代，他是一位 58
十足的自由思想家，根本不承认创世说。拿破仑认为，信奉天主可以促使人们尊敬世间的君主，当他评论拉普拉斯的《天体力学》（*Celestial Mechanics*）这部巨著中没有提到上帝时，这位天文学家回答说：“陛下，我不需要那种假说。”这当然使神学界很恼火，但是

它对无神论和革命法国的普遍邪恶的恐惧湮没了其对拉普拉斯的厌恶。总之,它感到同天文学家斗争是轻率的。

科学世界观在地质学里的发展方向,在一个方面同天文学恰好相反。在天文学里,天体逐渐发展的理论取代了天体不变的信条;但在地质学里,随着这门科学的发展,认为变化总是非常缓慢的信条取代了早期急剧灾变的信条。起初,人们认为,地球的整个历史应当压缩为六千年左右。从水成岩、熔岩沉积物等等所提供
59 的证据看来,要符合这个时间尺度,就必须假定以前灾变是普遍发生的。细想一下牛顿时代地质学的状况就可以知道,在科学发展中它比天文学落后有多远。就这样,1695 年伍德沃德假定“整个地球曾经在洪水中分崩离析,分解溶化,地层是由这种杂乱的物质沉淀而成,就像任何沉积土都是由流水沉淀而成的一样”,以此来解释水成岩。正如莱尔所说的,伍德沃德曾教导说:“地壳里面的整个化石层当时是在几个月之内沉淀而成的。”早在十四年前(1681 年),托马斯·伯纳特牧师曾发表他的《地球圣论;包括对地球的起源,和直到万物完善以前所有已经发生或将要发生的大变迁的描述》(*Sacred Theory of the Earth; containing an Account of the Original of the Earth, and of all the general Changes which it hath already undergone, or is to undergo, till the Consummation of all Things*)一书,此人后来成了查特豪斯公立学校的校长。他认为,地球赤道以前位于黄道的平面上,但后来洪水把
60 它推成了现在这种倾斜的位置。(从神学上说来,更正确的是弥尔顿的观点,他认为这种变化发生在人类始祖堕落的时候。)他认为,由于太阳晒裂了大地,让水从一个地下水库涌了出来,于是发生了

洪水。他坚决认为，出现另一个混沌时期，那将预示太平盛世的来临。然而，接受他的观点时应当小心，因为他不相信永罚。更可怕的是，他把人类始祖堕落的故事视为寓言，结果就像《不列颠百科全书》(*Encyclopoedia Britannica*)中所说的那样，“国王不得不撤掉他议事室文书的职务。”惠斯顿避免了伯纳特关于地球赤道问题以及其他的一些错误。1696 年他发表的著作题为《地球新论；论证圣经中记载的六天创世、大洪水和大火灾与理性和哲学之完全一致》(*A New Theory of the Earth; wherein the Creation of the World in Six Days, the Universal Deluge, and the General Conflagration, as laid down in the Holy Scriptures, are shown to be perfectly agreeable to Reason and Philosophy*)。这部著作在一定程度上受到 1680 年那颗彗星的启示，它使他想到，那次大洪水可能是由彗星引起的。他的正统观念有一点是可以怀疑的：他认为创世的六天比平常的日子长。

我们不应当认为伍德沃德、伯纳特和惠斯顿不及他们时代的其他地质学家。恰恰相反，他们是当时最卓越的地质学家，至少洛 61
克曾高度赞扬过惠斯顿。

十八世纪大多忙于水成论与火成论两个学派之间的论战。水成论者把一切几乎都归因于水；同样，火成论者则过分强调火山和地震。前一派无休无止地收集关于诺亚时代大洪水的各种证据，他们非常重视在海拔很高的山上发现的那些海底化石。他们的观点比较正统，因此，正统派的敌人极力否认化石是真正的动物遗骸。伏尔泰尤其持怀疑态度；当他再也不能否认它们的有机来源时，还坚持认为它们可能是香客们当时丢下的。从这一例子中可以看出，武断臆测甚至比正统观念更不科学。

毕丰是位大博物学家，他在《自然史》(*Natural History*，1749年)中坚持已被巴黎大学神学院判为“应受谴责的、与教会的教义格格不入的”十四个命题。其中有一个命题与地质学有关，它断
62 言：“现在地球上的山岳、溪谷应归因于第二因，这些原因迟早要摧毁一切大陆、山陵和溪谷，并且再次产生其他类似的东西。”“第二因”在这儿是指除上帝的创造令以外的其他原因；因此，正统派在1749年不得不认为，除了像死海那样由于奇迹引起变化的地方，刚创世时地球上的山陵、溪谷，以及陆地和海洋的分布与我们现在见到的一模一样。

毕丰认为不应当与巴黎大学神学院进行争辩。他收回了自己的主张，并且被迫发表了下述自白：“我声明我没有反对经文的意思；我最坚信其中同创造有关的一切，无论关于时间顺序还是事实；我放弃我书中有关地球形成的一切观点以及一般说来可能与摩西的故事相反的全部内容。”显然，除了天文学领域，神学家们没有从同伽利略的斗争中吸取多大教益。

第一个在地质学上提出现代科学观点的学者是赫顿，他的《地
63 球理论》(*Theory of the Earth*)最初发表于1788年，1795年又出了增订版。他认为，过去地表发生的变化是由于现在正在起作用的那些原因引起的，并且没有理由设想这些原因过去要比现在有活力。虽然这条箴言基本上是正确的，但赫顿在某些方面把它贯彻得太过分，而在其他方面又太不够。他认为，大陆的消失是由于侵蚀的缘故，结果造成了海底沉淀物的沉积；但是，他把新大陆的出现归因于剧烈的灾变。他没有充分认识到陆地的骤然下沉或逐

渐上升。可是后来所有的科学的地质学家都接受了他的这一普遍方法，即依现在解释过去，把地质时代发生的巨大变化归之于现在观察到的正在缓慢地使海岸线变更、使山高增减、使海底升降的那些原因。

阻挠人们早日采用这个观点的主要是摩西所列的年表，《创世记》的拥护者对赫顿及其门徒普莱费尔发动了猛烈的攻讦。莱伊尔说："反对赫顿学说所激起的那种党派情绪，以及公开忽视 64
在争辩中应有的公正坦率和平心静气的态度，实为读者难以置信，除非他回想到当时英国公众思想中的激昂情况。法国有一批学者辛勤努力了好多年，他们用削弱基督教信仰基础的方法，来缩小教职人员的势力；他们的成就，再加大革命的后果，震动了最有果断思想的人，而比较胆怯的人的想象力则常常被其害怕革新的心理所缠住，就像被恶梦中的妖魔所缠住一样。"[①]到 1795 年几乎所有英国的富人都把不符合圣经的学说统统视为对财产权的攻击和断头台的威胁。有许多年，英国人的见解远远不如大革命之前开明。

地质学的进一步发展与生物学的进一步发展是牵连在一起的，因为化石中保存着许许多多已绝种的生物的记录。就世界的古代来说，地质学和神学要是都同意六"天"可以作为六个"时期"解释，就能达成妥协。可是，在动物问题上神学有许多非常明确的 65
观点，人们发觉它们越来越难以与科学相一致。在人类始祖堕落以前所有动物都不相互捕食；现存的一切动物都属于当时在诺亚

① 《地质学原理》(*Principles of Geology*)，第十一版，第一卷，第 78 页。

方舟上见到的那些物种[①]；现已绝灭的那些物种几乎全是在那次洪水中淹死的，只有少数例外。物种是永远不变的，每个物种都是单独创造的结果。如果怀疑这些命题，就会招致神学家们的敌视。

由于新大陆的发现，困难就出现了。美洲远离阿拉拉特山，但是那里有许多中间地带所见不到的动物。这些动物怎么会走得这么远，而且路途上一个同类也没有留下呢？有些人猜想它们是水手们带去的，但是这个假说有其难解之处，这些疑难使那位虔诚的耶稣会会徒约瑟夫·阿科斯塔感到困惑不解。他曾致力于转变印
66 第安人信仰的工作，可是结果连他自己的信仰都难以保持。他在《西印度群岛的自然和道德的历史》(*Natural and Moral History of the Indies*，1509 年)一书中非常合情合理地论述了这个问题，他写道："谁能想象人们在如此漫长的航行中会费尽苦心把狐狸带到秘鲁？尤其是那种叫做阿西厄斯('Acias')的狐狸，它们是我所见到过的最污秽的动物。同样，谁会说人们曾经把老虎、狮子带了过去呢？要是那样认为的话，确实是很可笑的。对于在如此漫长而且史无前例的航行中被风暴驱赶得身不由己的人们来说，能够逃命就不错了，而且是非常了不起了，哪里还会带狼和狐狸，哪里还会在海上饲养这些动物？"[②]这类难题使得神学家们相信，污秽的阿西厄斯以及其他类似的笨拙的走兽本来就是在阳光的作用下从黏土中产生的；但是很遗憾，在关于方舟的记载中却没有提到这

---

① 这种见解并不是没有它的难处。圣·奥古斯丁承认自己对上帝创造苍蝇的理由是无知的。路德更大胆，他断定苍蝇是魔鬼为了使他不能专心写出优秀的著作而创造出来的。当然后一种见解似乎是有道理的。

② 引自怀特：《科学与神学的斗争》。

一点。看来还是无济于事。例如，如果说树懒是从阿拉拉特山出发的话，那么，如同其名字所表示的那样行动缓慢的树懒，怎么能全都到达南美洲呢？

随着动物学的进步，只是人们已知的物种的数目就产生了另
一个困难。现在已知的物种数达几百万，要是这些物种每种有两 67
个在方舟里，就可以使人感到那里一定颇为拥挤不堪了。此外，亚当给所有这些物种起名，这似乎也是他一生之始所做的一项艰巨的工作。澳洲的发现引起了新的困难。为什么所有的袋鼠都跳过了托里斯海峡，而没有一对留在后面呢？这时，生物学的进步已经使得人们很难设想阳光和黏土会创造出一对完整的袋鼠，可是当时那样一种理论比以往任何时候都更为需要。

整个十九世纪，这种困难一直使宗教徒们大伤脑筋。例如，请看威廉·吉莱斯皮〔即《上帝必然存在》(*The Necessary Existence of God*)等书的作者〕写的一本题为《地质学家的神学——以休·米勒等人为例》(*The Theology of Geologists, as exemplified in the cases of Hugh Miller, and others*)的小书。这本由一位苏格兰神学家撰写的书于1859年出版，正是达尔文的《物种起源》(*Origin of Species*)问世那一年。书中谈到“地质学家的可怕的公理”，并谴责他们“冒渎神圣，思之可怕”。作者论述的主要问题就是休·米勒在《岩石的证据》(*Testimony of the Rocks*)中提出
的问题，在那本书里休·米勒认为，“在人类犯罪或受难以前的数 68
不尽的年代里，动物界确实和它现在一样处于战争状态。”休·米勒带着某种恐怖的心情，生动地描绘了人类出现以前就已经灭绝的各种动物用来互相残杀，甚至互相折磨的工具。休·米勒本人

深信宗教，因而他很难理解造物主为什么要使不会犯罪的动物遭受这般苦难。吉莱斯皮先生则不理会这个证据，他大胆重申正统观点，即下等动物之所以受难和死亡是由于人类的罪孽；并且引用“由于人类而产生了死亡”这句经文来证明在亚当偷吃果子以前没有死过任何动物。[①] 他引述了休·米勒对已绝种的动物之间所进行的战争的描绘之后，大声疾呼：仁慈的造物主绝不可能创造这类怪兽。到此为止，我们或许还同意他。可是他接下去的论点使人难以理解。看来他好像是在否定地质学上的证据，但结果却泄气
69 了。他说，也许毕竟有过这类怪兽；但它们不是直接由上帝创造的。这些创造物原来是纯洁无罪的，后来才被魔鬼引入了迷途；或许，它们如同加大拉猪那样，实际上躯体里栖居着恶魔的幽灵。这就可以说明为什么《圣经》里有加大拉猪的故事，而这个故事对于许多人来说则是造成疑难的绊脚石。

博物学家戈斯（埃德蒙·戈斯的父亲）曾进行过一种奇妙的尝试，以挽救生物学领域里的正统观念。他完全承认地质学家们为证实世界的古代所提出的一切证据，但是他主张创世时万物被构造得好像都有其过去的历史一样。**证明**这个理论不真实，这在逻辑上是不可能的。神学家们已断定亚当和夏娃长有肚脐，正好像他们同普通人一样也是父母生的[②]。同样，被创造的其他一切东西也满可以被造得好像它们是自己成长起来的。岩石可能被造物主充满了化石，把它们造得好像是由于火山作用或成层沉积形成

① 这是所有教派一致的见解。例如韦斯利说，在人类始祖堕落之前“蜘蛛同苍蝇一样是无害的，它并不隐藏着伺机吃其他动物的血。”

② 这也许就是戈斯把他的著作叫作《肚脐》(*Omphalos*)的原因。

的。但是，一旦承认这类可能性，就没有理由确定世界是在某一时 70
刻而不是另一时刻创造的。我们都可以是在五分钟前出世的，一出世就有各种现成的记忆，而且袜子已经磨破，头发也该理了。虽然这在逻辑上是可能的，但是谁也不会相信它；使戈斯感到非常失望的是，他发现没人信他那种在逻辑上巧妙地把神学同科学数据调和起来的理论。神学家们没有理会他，他们放弃了他们以前占有的许多阵地，开始固守剩下来的地盘。

动植物通过遗传和变异而逐渐进化的学说，主要是由地质学进入生物学的。这个学说可以分为三部分。首先是事实，即越是简单的生命形态就越古老；而那些构造较复杂的生命形态则是在历史记载的较晚阶段才开始出现的。这个事实就像关于远古的事实可望达到的一样确凿。其次是理论，即较晚的、具有较高级器官的生命形态不是自发产生的，而是由较早的生命形态经过一系列
变异形成的；生物学中的“进化”一词专门用来说明这一点。第三 71
是迄今远未完成的关于进化机制的研究，即关于某几种生物变异和幸存的原因的研究，它们的变异和幸存是以其他生物的绝种为代价的。现在，虽然关于进化的机制还有疑问，但总的进化学说已为生物学家所普遍接受了。达尔文的历史重要性主要在于他提出了一种机制——自然选择，这就使得进化似乎更有可能；但是与他的直接继承人相比，现代科学家们对他的见解并非十分满意，尽管他们还是把它当作正确的见解来接受。

拉马克（1744—1829 年）是第一个推崇进化说的生物学家。但是他的学说并未为人们所接受，这不仅是因为人们那种赞成物种不变的偏见，而且还因为他提出的变化机制是科学家们所不能

接受的。他认为，动物身上产生新的器官是由于它感到一种新的需要造成的；并且还认为，各个动物后天获得的一切可以遗传给它的后代。要是没有第二个假说，第一个假说作为对进化的一部分
72 解释是没有用的。达尔文否认第一个假说是新物种进化中的重要因素，但他还是接受了第二个假说，虽然这个假说在他的体系中不如在拉马克的体系中突出。第二个假说（关于后天获得的性质的遗传）曾遭到韦斯曼的极力否定，而且，虽然这场论战还在继续，但现在证据非常有力，即：除了可能有的罕见的例外，遗传下来的、后天获得的性质仅仅是那些能影响生殖细胞的性质，它们是为数极少的。因此，拉马克的进化机制不可能被接受。

莱伊尔的《地质学原理》（*Principles of Geology*）一书最初发表于 1830 年。该书由于极力为地球的古代、生物的古代提供证据，曾引起正统派的强烈反对，不过它在前几版中并不赞成生物进化的假说。作者在这部书里仔细论述了拉马克的理论，以充分的科学根据对它进行了驳斥。但在达尔文的《物种起源》问世（1859 年）后发表的后几版中，此书对进化论却慎重地赞同起来了。

达尔文的理论实质上是把放任主义的经济学扩大到动植物
73 界，它是受马尔萨斯人口论的启发而产生的。所有生物都繁殖得如此迅速，以致每一代中大部分还不到生殖年龄就得死去。一条雌鳕一年产卵约 900 万个。如果全都成熟并且孵化出其他的鳕，那么几年后海洋就会被鳕填平，而陆地就会被新出现的洪水所淹没。我们已知道，甚至人类的人口虽然其自然增长率比大象以外的其他任何动物都慢，二十五年也翻一番。要是今后两百年全世界人口继续按这种速度增长，那么，结果世界人口会达到 5 000

亿。但事实上我们发现，各种动植物的数量一般说来大致是不变的；而在大多数时期里人类的人口也是如此。因此，无论是每种物种内部还是各种物种之间，存在着永恒的竞争，而在竞争中，对于失败的惩罚则是死亡。因而，如果一种物种中某些生物跟其余的有点不同，而这种差别又使它们占优势，那么它们就较有希望生存下去。如果这种差异是后天获得的，它就不能传给它们的后代，但
如果这种差异是先天的，那么它就有可能至少在它们相当一部分 74
的后代身上再现出来。拉马克认为，长颈鹿的脖子变长是为了达到高处的树枝而向上伸展的结果，并且还认为这种伸展所造成的后果是遗传的；达尔文的观点，至少按韦斯曼解释的达尔文的观点是：一生下来就有长脖子趋势的长颈鹿比起其他动物来饿死的可能性较少，所以留下的后代也较多，而那些后代又有可能是长脖子——其中有一些甚至很可能比它们本来已经是长脖子的双亲脖子更长。这样，长颈鹿就会渐渐地发展它的特点，直到发展下去也将一无所获为止。

达尔文的理论取决于是否发生偶然的变异，而这些变异的原因，正如他所承认的那样却是个未知数。某一对配偶的后代不尽相同，这是人们所看到的事实。人工选择已使家畜发生了很大的变化：通过人工处理，奶牛出奶更多了，用来赛马的马跑得更快了，绵羊产毛更多了。这类事实为达尔文证明选择会造成什么结果提
供了最直接的证据。诚然，饲养者不可能把鱼变成有袋动物，或者 75
把有袋动物变成猴子；但是在地质学家们所需要的数不尽的年代里，这种巨大的变化是有可能发生的。而且，许多事例也证明生物有共同的祖先。化石表明，过去曾存在过介于现在迥然不同的两

种物种之间的动物；比如翼手龙，它半像飞鸟，半像爬虫。胚胎学家发现，未成熟的动物在发育过程中重现各种早期形态；哺乳动物的胎儿在某阶段有鱼鳃的退化器官，这种器官根本没用，而且除了作为一种返祖现象外，几乎无法解释。许许多多、各种各样的论据综合在一起，使生物学家不但相信进化事实，而且还相信作为产生这种事实的主要动因的自然选择。

达尔文主义同哥白尼学说一样，是对神学的一个沉重打击。不仅必须抛弃物种不变性和《创世记》中似乎断言的那许多不同的创造行为；不仅必须假定自生命产生以后已经过去很长时间，这个
76 假定对于正统派说来是很可怕的；不仅必须抛弃从动物对环境的巧妙适应中推导出来的、证明上帝是慈善的大量论据，现在这种适应已被解释为自然选择的作用——而且，比上述任何一条或其全部都更糟糕的是，进化论者竟敢冒昧地宣称：人是低等动物的后裔。神学家和无知的人们的确抓住了进化论的这一方面。全世界的人都恐惧地惊叫起来："达尔文说人是猴子的后裔！"据普遍传说，达尔文信奉这种学说就因为他自己长得像猴子（其实他并不像猴子）。我小时候有一个家庭教师，他曾极其郑重地对我说："你如果是达尔文主义者，那就可怜了，因为一个人不可能既是达尔文主义者，同时又是基督教徒。"直到今天在田纳西讲授进化学说仍然是非法的，因为这被认为是对抗圣经。

事情往往是这样：神学家们对这一新学说的后果往往比其拥护者更加敏感，拥护者中大多数人虽然信服证据，但他们是宗教
77 徒，希望能尽量保留他们以前的信条。尤其在十九世纪，因拥护者们缺乏逻辑性而大大促进了进步，这就使得他们在被迫接受另一

转变之前能习惯于某一转变。如果一项变革的所有逻辑后果都一同呈现，那么对于习惯的冲击就会如此之大，以至于人们往往会全盘否定这项变革，相反，如果请他们每十年或二十年迈一步，那么用不着费多大的力气就能诱导他们沿着进步的道路前进。十九世纪的伟人们尽管当非常非常明显需要革新时，愿意支持革新，但无论从理智上讲还是从政治上讲，他们都不是革命者。革新者这种小心谨慎的脾气有助于使十九世纪以极其迅速的进步而著称。

然而，神学家们比一般人更清楚地知道这种新学说的含意。他们指出：人有不朽的灵魂，猴子就没有；基督为拯救人类而殉难，并不是为了拯救猴子；人具有神赋的辨别是非的能力，而猴子只凭本能行动。既然人是通过种种觉察不到的步骤从猴子变来的，那他们究竟在什么时候突然获得这些在神学上很重要的特征呢？

1860 年（即《物种起源》问世后第二年），威尔伯福斯主教在英国协 78
会怒斥达尔文主义，他大声疾呼：“自然选择原则同圣经是绝对不相容的！”但是，他所有的雄辩都是徒劳的，大家普遍认为拥护达尔文的赫胥黎已经驳倒了他。人们不再害怕教会发火，动植物种种的进化说很快被生物学家们所公认，尽管奇切斯特的教长在一次大学布道时，告诉牛津大学师生们说：“那些拒绝按照其显而易见的本意来接受关于人类始祖的创造史，而赞成代之以时髦的进化梦想的人们，使整个拯救人类的计划成了泡影”；尽管卡莱尔不信正统派的教义，却保持着他们那种不容异说的做法，把达尔文说成是“泥土崇拜的传道士”。

格拉德斯通的例子充分说明了没有科学知识的世俗基督徒们的态度。尽管这位自由党的领袖竭尽全力要与时代背道而驰，但

79 当时是一个自由主义的时代。1864 年，当时因为枢密院审判委员会宣告两个不信奉永罚的牧师无罪，从而使惩罚他们的企图未能实现，这件事使格拉德斯通感到很惊恐，他说：要是把这个审判原则贯彻下去，长此以往，就会使人们承认“信仰基督教与否完全可以漠然置之”。当达尔文的理论最初发表时，他说：“以所谓的进化这种过程为理由，免除了上帝的创造性劳动；以种种不变的定律的名义，取消了上帝对世界的统治。”这里他表达了那种也习惯于统治的人的同情感。但他对达尔文并没有私愤；他慢慢改变了自己的反对态度，1877 年一度拜访了达尔文，在交谈中他一直滔滔不绝地谈论保加利亚人的暴行。当他走后，达尔文非常单纯地说：“这样一个大人物居然来看我，这是多么荣幸啊！”格拉德斯通是否对达尔文留下了什么印象，历史上没有记载。

如今宗教已经顺应了进化说，甚至从其中推导出了新论点。
80 有人对我们说：“古往今来贯穿着一个日益增强的意旨”，还说进化是始终存在于上帝头脑中的一种观念的展示。看来似乎是这样：在使休·米勒感到非常苦恼的年代里，动物用凶猛的触角和厉害的螯针互相折磨着，而全能的上帝则默默地等待着具有更精妙的折磨能力和更大大地扩展了的残暴性的人类的最终出现。造物主宁愿通过一番过程达到他的目的，而不直截了当地达到他的目的，其原因何在，这些现代神学家们并没有告诉我们。对于这一成果的辉煌性，他们也未多加阐述，以消释我们的疑虑。我们不能不感到，为得到这么一点儿结果不值得费这么大的劲，就像小孩在教给他字母表后所感到的那样。但是，这是一个嗜好问题。

任何建立在进化基础上的神学还有另一个更大的障碍。在十

九世纪六七十年代，当时进化说刚刚开始流行，人们普遍认为进步
是世界的一条规律。难道我们不是在年复一年地富裕起来，而且
尽管减少了税收不是还有预算盈余吗？难道我们的机器不是世界
的奇迹，我们的议会政府不是给开明的外国人学习的典范吗？而 81
且，有谁会怀疑进步将会永远继续下去呢？人们一定会相信，已经
产生了进步的科学和机器的精巧将继续比以往任何时候更大量地
产生进步。看来在这样一个世界里，进化仅仅是日常生活的一个
概括。

但即使在那时，对较善于思考的人来说，另一方面也是很清楚的。引起生长的这些规律也引起衰亡。总有一天，太阳会变冷，地球上的生命会终止。整个动植物时代仅仅是介于从前太热的时期和将来太冷的时期之间的一段时间。宇宙进步的规律是不存在的，只有一种上下波动，最后由于能量的扩散而出现逐渐向下的趋势。这至少是科学现在认为非常可能的事情，而且在我们幻灭了的这一代人中，它是不难接受的。就我们现在的知识来看，从进化中根本不可能正确地推导出乐观主义哲学来。

82

第四章　魔鬼学与医学

关于人体及其疾病的科学研究，过去不得不——现在在某种程度上仍然不得不——同大量的迷信作斗争，这些迷信大部分产生于基督教以前，但直到相当近代为止却是一直靠教会的整个权势来维护的。在过去，疾病有时是一种惩罚罪孽的天祸，然而更经常的却是妖魔作怪。治疗疾病可以靠圣者的干预，无论是亲自还是通过他们的圣骨，靠祈祷和朝圣；或靠驱邪和为妖魔（和患者）所厌恶的治疗法。

上述这些治病方法大多可以在福音书中找到根据；这个理论的其余部分是由神甫们发展起来的，或者是从他们的学说中自然而然地产生出来的。圣·奥古斯丁认为：“基督徒所患的一切疾病
83 都是这些恶魔引起的；他们主要折磨刚受洗礼的基督徒，甚至还折磨纯洁无罪的新生婴儿。”要知道在神甫们的著作中，“恶魔”就是指异教神，神甫们认为基督教的发展触怒了他们。早期基督徒根本不否认奥林匹斯山诸神的存在，但认为他们是撒旦的奴仆——即弥尔顿在《失乐园》中所采取的观点。格雷高里·纳贾增认为医药是无用的，而用圣手按一下却往往是有效的；其他神甫也曾表示过类似的观点。

在整个中世纪，人们愈来愈相信圣骨的效验，而且这种信念至今仍未灭绝。占有这些珍贵的圣骨曾是教会和有圣骨的城市的一个收入来源，并且曾调动过那些激起以弗所人反对圣保罗的同样的经济动机。对于圣骨的信奉尽管遭到揭露，还是幸存下来。例如，保存在巴勒莫市的圣·罗莎莉娅的遗骨，许多世纪以来一直被认为是很有疗效的，可是经一位世俗解剖学家一检验，它们原来是山羊的骨头。尽管如此，这种疗法仍然沿用。现在我们知道某几
种病能够用信仰来治疗，而其余的病则不能；毫无疑问，治疗的“奇 84
迹”的确出现过，可是在非科学的气氛下，传说立即夸大真相，并且抹煞可用这个方法治疗的歇斯底里病与需要根据病理学来医治的其他疾病之间的区别。

传说是在激动的气氛中产生的，这次战争中就有这样一些突出的事例，例如有人认为俄国人在最初几个星期里已经取道英国到法国去了。相信传说，如能查明起因，在帮助历史学家对表面上无可置疑的历史证据决定取舍方面将是很有价值的。我们可以把关于罗耀拉的朋友、东方最早和最著名的耶稣会传教士圣·弗朗西斯·泽维尔那些假定的奇迹，看作是一种极其完善的事例。[①]

圣·弗朗西斯曾在印度、中国和日本住了好多年，最后死于1552年。他和他的朋友们写过许多记述他们工作情况的长信，这些信现在还保存着，但是，在他还活着的时候，没有一封信中谈论
过任何神奇的能力。约瑟夫·阿科斯塔——就是那个对秘鲁的动 85
物感到迷惑不解的耶稣会会徒——明确宣称，这些传教士在努力

---

① 怀特在《科学与神学的斗争》中对这个问题作过令人钦佩的探讨，我非常感激此书对我的帮助。

转变异教徒的信念方面并没有得到奇迹的帮助。可是，泽维尔死后不久，各种奇迹的描述就开始出现了。有人说他具有语言天才，尽管他的信里充满着令人费解的日语和好的口译者的那种语言贫乏的毛病。据说有一次在海上，他的朋友们很渴，他就把咸水变成了淡水。他把一枚十字架掉到了海里，一只螃蟹给他送了回来。按后来的一种说法，他把这枚十字架扔到海里平息了一场大风暴。1622 年他被宣告为圣徒，在当时必须证明他曾创造过奇迹，使梵蒂冈感到满意，因为没有这类证据谁也不能成为圣徒。罗马教皇正式承认了这位语言天才，并且对泽维尔使油灯不烧油而烧圣水这一事实，印象特别深。这就是认为伽利略的话是不可信的那个教皇——乌尔班八世。这种传说不断加枝添叶，直到 1682 年博霍尔斯神甫发表了《泽维尔传》，我们才从这本传记中知道这位圣徒
86 在一生中曾使十四个人起死回生。天主教的作家们至今还认为他具有非凡的能力；因而，耶稣会科尔里奇神甫在 1872 年出版的一部传记中，重新肯定了这位语言天才。

从这个例子中可以清楚地看到，在文献资料还不如关于泽维尔的记载丰富的时期里，关于各种奇迹的描述是多么不可靠了。

新教徒和天主教徒都曾信仰各种不可思议的治疗术。在英格兰，曾用国王的触摸来治疗那种叫做“国王的祸害”（“the king's evil”，瘰疬）的病。查理二世，那位神圣的君主，大约摸过十万人。陛下的一个外科医师发表说：六十个病例很有疗效；另一个外科医师亲眼看到（他这样说），由于国王的触摸治愈了数以百计的病人，其中许多人的病情曾使那些极有能耐的外科医师都感到无能为力。供国王施展其神奇的治病本领时所使用的那部祈祷书具有一

种特殊的效用。这些本领及时地传给了詹姆斯二世、威廉三世和安娜女王，但是，它们显然未能在汉诺威王族的王位继承中传下来。

瘟疫和鼠疫在中世纪很流行、很可怕，它们有时被归因于魔鬼
作怪，有时被归因于上帝发怒。牧师常常推荐的一种避免上帝发 87
怒的办法，就是向教会赠送土地。1680 年罗马瘟疫猖獗，据查明这是由于圣·塞巴斯蒂安因受到过分的冷遇而发怒了。人们为他竖了一个碑，瘟疫就止住了。当 1522 年文艺复兴处于高潮时，罗马人对当时折磨着全市居民的瘟疫起先作出了错误的诊断。他们认为这是由于魔鬼，即古神发怒的缘故，于是就在科洛西姆演技场用牛祭祀朱庇特主神。当这种祭祀证明无效时，他们就举行巡行瞻礼，请求圣母马利亚和圣徒们宽恕，他们本来早就应当知道，这个办法表明灵验得多。

1348 年的那场黑死病使各地爆发出了形形色色的迷信活动。人们最爱使用的一种使上帝息怒的办法就是消灭犹太人。在巴伐利亚估计曾杀死了一万两千个犹太人；在埃尔富特杀死了三千人；在施特拉斯堡烧死了两千人；如此等等。唯独罗马教皇反对这些疯狂的大屠杀。黑死病最奇特效果之一发生在锡耶纳。在此之
前，锡耶纳人曾决定大规模扩建总教堂，而且相当一部分工程业已 88
完成。但是当瘟疫来临时，锡耶纳居民忘记了其他地方的命运，以为这是专门给罪孽深重的锡耶纳人的一场天祸，以惩罚他们因希望有这样一座宏伟的总教堂而感到扬扬得意。他们停止了这项工程，而这一未完成的建筑物至今仍是他们忏悔的纪念碑。

不仅各种迷信的治疗方法被普遍认为是有效的，而且医学的

科学研究也受到了严重的阻碍。当时主要的开业医生是犹太人，他们从穆斯林那儿学得了知识；人们怀疑他们玩弄魔术，他们对此大概默认了，因为它增加了他们的酬金。解剖术曾经被认为是邪恶的，这不仅是因为它可能妨碍尸体复活，而且还因为教会厌恶流血。实际上，由于庞尼菲斯八世的训令被误解，解剖已经被禁止了。十六世纪后半叶，教皇庇护五世以“身体上的疾病往往产生于
89 罪孽”为理由，恢复了早先的教令，命令医生首先要请教士，而且要是病人三天之内不向教士忏悔就要拒绝继续治疗。鉴于当时医学的那种落后状况，也许他是明智的。

可以想象，各种精神错乱症的治疗是特别迷信的，而且这种情况比在医学的其他任何部门持续得都要久。精神病曾被认为是恶魔缠身，这种看法在《新约全书》中可以找到根据。有时，用驱邪，或者摸一下圣物，或者圣徒命令魔鬼出来的方法来治疗可能有效。有时，把一些带有魔术意味的东西同宗教结合起来。例如，“当一个人被魔鬼缠身，或者说，魔鬼从体内用疾病控制他时，喝一种用羽扇豆、虎耳草、天仙子、大蒜制成的催吐剂。把这几样东西一起捣烂，加上淡色啤酒和圣水。”

使用这类办法没有什么大害处，但忽然人们想起来，驱除恶魔最好的办法是折磨它，或者侮辱它的自尊心，因为自尊心是撒旦堕落人间的根源。人们使用了臭气和令人作呕的东西。驱魔的那套
90 陈词滥调变得越来越长，而且其中越来越充满猥亵的话。维也纳耶稣会会徒在 1583 年用这种方法赶走了 12 652 个魔鬼。但是当这类温和的办法失效时，病人就遭鞭笞；如果魔鬼仍不肯离开，他就受折磨。几百年来，无数生活不能自理的精神病患者就这样任

凭监护人野蛮摧残。甚至当原来引起残暴的那些迷信的信条已不再为人们所接受时，对待精神病人应当粗暴这种传统却保留了下来。阻挠睡觉是一种公认的方法；用鞭子抽是另外一种。乔治三世在发疯时就挨过打，尽管谁也不认为他当时比神志正常时更为魔鬼所缠住。

相信巫术与中世纪精神病的治疗有密切的联系。《圣经》中说："不可让女巫存活"（《出埃及记》，第22章，第18条）。因为这条经文和其他一些经文，所以韦斯利主张："抛弃巫术实际上就是
抛弃《圣经》。"我认为他是对的。[①] 当人们还信仰《圣经》时，他们 91
就尽力执行《圣经》中关于女巫的各项命令。现代开明的基督徒们虽然仍旧认为《圣经》在伦理上是有价值的，可是他们却易于忘记这类经文和几百万无辜的受害者，而这些受害者是因为人们一度真诚地把《圣经》当作行动的指南而痛苦地死去的。

巫术问题以及关于魔法和妖术这个更大的问题是既有趣又难解的。人类学家们发现，即使在那些非常原始的种族里，魔法和宗教也是有区别的；虽然，他们的准则无疑是同他们自己的科学相适应的，但如果我们关心的是对妖术的迫害问题，那它们就并不完全是我们所需要的那些准则了。因而，里弗斯在《医学、魔法和宗教》（*Medicine*，*Magic and Religion*，1924年）这本关于美拉尼西亚的非常有趣的书中说："当我说到魔法时，我指的将是一套程序，人在这些程序中利用各种仪式，而这些仪式的效力则是依靠他自己的

① 除非我们接受这样的观点，这种观点反对信奉当时正在衰落的巫术，认为《出埃及记》中译作"女巫"（"witch"）这个词的真正意思是"毒害者"（"poisoner"）。即使这样，也处置不了隐多耳的那个女巫。

力量，或者依靠在这些仪式中所使用的某些物体和方法的内在力量或特性而产生的。另一方面，宗教将包括一套这样的程序，这些程序的效力则依赖于某种高级的力量的意志，即人们通过祈求和
92 赎罪的仪式寻求其干涉的某种力量的意志。”要是我们所说的人们，他们一方面信奉某些无生命的东西，例如圣石的神奇力量，另一方面，认为一切非人类的妖魔都比人强，那么，这个解说是得当的。这两种情况对中世纪的基督教徒或伊斯兰教徒都不大真实。固然，点金石和长生不老仙丹被说成具有各种神奇的力量，但是这些东西几乎可以归类于科学：人们通过实验来探求它们，而且，人们期望它们具有的各种特性未必比人们已经发现的镭的那些特性更奇妙。还有，中世纪人们认为，魔法总是祈求魔鬼的帮助，但是是恶魔的帮助。在美拉尼西亚人中间，善魔与恶魔的区别似乎是不存在的，可是在基督教教义中这种区别是很重要的。撒旦和上帝都能创造奇迹，但撒旦创造奇迹是为了帮助坏人，而上帝创造奇迹却是为了帮助好人。我们从福音书中可以看到，基督时代的犹太人早已知道这种区别，因为他们谴责基督依仗撒旦的帮助驱赶
93 魔鬼。在中世纪，妖术和巫术虽然不是基督教会唯一的但却是主要的绊脚石，它们的特殊罪孽就在于它们同那些魔鬼结成了联盟。说来也奇怪，人们有时能够劝诱撒旦做一些倘若其他任何人来做就是善行的事情。在西西里，现在有（或者不久前有过）一种从中世纪一直没有间断地传下来的木偶戏。1908 年我在巴勒莫就看过其中的一出，讲的是查理曼大帝与摩尔人之间的战争。在这出戏里，教皇在大战之前获得了撒旦的帮助，我们看到交战中撒旦在空中把胜利赐予基督徒。虽然取得了这个卓越的战果，但教皇的

行为却是邪恶的，这种行为使查理曼大帝感到相当震惊——虽则他趁机利用了这个胜利。

现在，某些非常严肃的巫术研究者认为：在基督教欧洲，巫术是各种异教和异教神崇拜的残余，而那些异教神早已被认为就是基督教魔鬼学中的恶魔。虽然有大量的证据证明异端教理已经同魔法仪式结合在一起，可是，把巫术主要归于这个来源，还是很难的。使用魔法在基督教以前的古代是一种要受处罚的罪行；罗马 94
法典中有一条法律就是针对它的。早在公元前 1100 年，某些官吏和拉美斯三世的某些女眷，为了把国王置于死地，他们就做了一个他的蜡像，对它念魔咒，因而受审。150 年，作家亚飘利厄因魔法案受审，原因是他娶了一个有钱的寡妇，这使他儿子非常恼怒。但是，他像奥赛罗一样，成功地说服了法庭，使他们相信：他只使用了天生的魅力。

原来，人们并不认为妖术是一种妇女专门犯的罪。把这种罪集中在妇女身上是从十五世纪开始的，从那时起到十七世纪末，对女巫的迫害是很普遍、很残酷的。1484 年英诺森八世发布了禁止巫术的训令，并指派两个检察官去惩治它。这两人在 1489 年发表了一部很长时期被公认为是权威性的著作，书名叫 *Malleus Maleficarum*，即《女犯的槌骨》。他们认为，比起男子来，巫术更符合于妇女的天性，因为她们的心本来就是邪恶的。当时，对女巫最常见的谴责是说她们引起了坏天气。法庭把审问有巫术嫌疑的妇女的问题列出表来，并把这些嫌疑犯绑在拉肢刑架上进行拷问， 95
直到她们招出满意的口供为止。据估计，光是在德国，1450 至 1550 年间，就处死了十万个女巫，而且大多数是烧死的。

即使当这种迫害处于高潮时，也颇有一些大胆的理性主义者敢于怀疑风暴、雹暴、打雷、闪电是否真的是由妇女的诡计引起的。这些人也没有得到饶恕。如，将近十六世纪末，特里夫斯大学校长、选举法庭首席法官弗拉德在判处了无数女巫后，开始意识到，她们可能是因为想免遭拉肢刑架的折磨才被迫招认的，因而就不愿意再给女巫定罪。结果，他被控告为把自己出卖给了撒旦，遭受了他以前用来处罚别人的同样的刑罚。像女巫们一样，他也认了罪，1589 年被处绞刑，死后又遭火焚。

新教徒完全同天主教徒一样，热衷于迫害女巫。在这方面詹姆斯一世尤其热心。他曾写过一本关于魔鬼学的书，而且，他在统
96 治英国的第一年颁布了一条法令，使法律制定得更加严格，当时科克任检察总长，培根是下议院议员，这条法令到 1736 年才宣布无效。那时有许多起诉案，其中一个案件的医学证明人是托马斯·布朗爵士，他在《医师的宗教》(*Religio Medici*)中说："我从来就相信，而且现在还认为，女巫是有的；怀疑她们的人不仅是否认她们，而且是否认鬼神，归根到底，他们不是一种异教徒，而是一种无神论者。"事实上，像赖基指出的那样，"不信鬼和女巫是十七世纪怀疑论最显著的特征之一。最初，几乎只有那些公然自称是自由思想家的人们，才有这种思想。"

对女巫的迫害，苏格兰比英格兰厉害得多。在那里，詹姆斯一世曾经非常成功地发现他在一次从丹麦起程的航行中所遇到的风暴的原因。某一个菲安博士在严刑拷问下供认：这场风暴是由从利思乘坐一只筛子出海的几百个女巫造成的。正如伯顿在《苏格兰史》(*History of Scotland*)中说的："斯堪的纳维亚半岛那边的

一群女巫配合行动，使得这一现象的强度增加了，这两群女巫提供 97
了一次关于魔鬼学规律的决定性的实验。”（第七卷，第 116 页）菲安博士立即撤销了他的口供，因此对他的拷打就大大加剧。他的腿骨被打断成好几截，可他仍然坚持不屈。于是，监刑的詹姆斯一世想出一种新的刑罚：拔掉这个受刑者的指甲，再用针插进去，一直插到头儿。但是，像当时记录中所说的那样：“恶魔在他的心灵中已经是如此深入，以致他完全否认自己以前所承认的一切供词。”结果他被处火刑。[1]

1736 年的法令不但在英格兰，而且也在苏格兰废除了反巫术法。但这种信念在苏格兰仍旧很强烈。1730 年出版的一本专门的法律教科书中说：“在我看来，女巫可能向来就有，而且现在也许确实存在着，这是再清楚不过的事情了；如果情况允许的话，我打算写一本部头较大的关于刑法的著作来阐明我的这种看法。”1736 年，从苏格兰国教分裂出来的一个重要派别的首领们，发表了一个
关于这个时代堕落的声明。这个声明埋怨说：不仅跳舞、演戏受到 98
鼓励，而且“近来还废除了惩处女巫的刑法，这是跟上帝法律的明文规定——‘不可让女巫存活’，相违背的”。[2] 但是从那以后，苏格兰有教养的人们很快就不相信巫术了。

在西方各国，停止对巫术的惩罚有一种惊人的同时性。在英国，清教徒比圣公会教徒更坚决地持有这种信念；共和政体时期处死的女巫并不少于都铎王朝和斯图亚特王朝这两个统治时期所处

[1] 参看：赖基的《欧洲理性主义史》（*History of Rationalism in Europe*），第一卷，第 114 页。

[2] 参看：伯顿的《苏格兰史》，第八卷，第 410 页。

死的女巫。随着王政复辟，关于这个问题的怀疑论就开始流行起
来；处死最后一个女巫，我们确实知道的是在 1682 年，不过据说后
来 1712 年又有其他女巫被处死。这一年哈福德郡有过一次审判，
那是由地方牧师煽动起来的。法官不相信这种罪行的可能性，并
且按照这个意思来引导陪审团；尽管他们给被告定了罪，但结果这
个判决被撤销了，这引起了牧师们的强烈抗议。在苏格兰拷打、处
99 死女巫要比在英格兰普遍得多，但是从十七世纪末以后这种事情
就变得稀少起来；烧死女巫的最后一个事件发生在 1722 年，或者
在 1730 年。在法国，烧死最后一个女巫是在 1718 年。十七世纪
末新英格兰爆发过一次凶狂猎捕女巫的事件，但以后就再也没有
发生过。当时这种普遍的信念继续到处流行，而且现在在某些偏
僻的农村，仍然残留着。英格兰最后一个这类案件是 1863 年发生
在埃塞克斯郡，当时有一个老人被他的邻居当作男巫而私刑处死。
在法律上承认巫术是一种罪行，这在西班牙和爱尔兰持续得最久。
在爱尔兰，反巫术法直到 1821 年才废除。西班牙在 1780 年烧死
了一个男巫。

赖基在《理性主义史》(*History of Rationalism*)中详细论述
了巫术问题。他指出一个奇怪的事实：对借助于恶魔的那种魔术
的可能性的信念，不是通过对这个问题的辩论，而是靠普及法治的
信念来消除的。他甚至竟然说，在关于巫术问题的专门辩论中，优
势是在它的拥护者这一方面的。要是我们回想一下，这些拥护者
100 能够引用圣经，而另一方却不敢冒昧地说圣经未必可信，这也许就
不奇怪了。此外，那些最优秀的科学家没有从事各种世俗的迷信
活动，这部分地是因为他们有更积极的工作要做，而部分地是因为

他们恐怕引起敌对。结果表明他们是正确的。牛顿的工作使人们相信，上帝最初创造了自然界，并且颁布了自然界的法则，以便除基督教启示那种重大场合外无须他再干涉就能产生他想要的各种结果。新教徒认为，奇迹在公元一二世纪出现过，然后就停止了。假如上帝不再奇迹般地进行干涉，那么他也不大可能允许撒旦来干涉。当时人们对科学的气象学抱有希望，它将使那些被当作暴风雨的原因的，骑着扫帚柄凌空飞行的老婆子，没有立足的余地。有一段时间，人们一直认为，用自然法则这个概念来解释雷电是不虔敬的，因为它们是专属于上帝的行动。这种观点曾经残存于避雷针的反对派之中。例如，1755 年马萨诸塞发生地震后，牧师普
赖斯博士在一次布道中把地震归因于“聪明的富兰克林先生发明 101
的铁针”，他说：“这种铁针在波士顿装的比在新英格兰任何其他地方都多，可是波士顿似乎比其他地方都震得可怕。啊！逃不出上帝的巨手。”然而波士顿人不管这个警告，仍然安装这种“铁针”，可是地震的次数并没有增加。从牛顿时代起，人们越来越感到诸如牧师普赖斯博士的那种观点有迷信的味道。随着人们对于上帝奇迹般的干涉自然过程那种信仰的消失，人们对于巫术的可能性的信仰必然也消失了。巫术的证据从来没有受到过驳斥，似乎它简直不再值得加以检验。

我们知道，在整个中世纪人们试图用各种迷信的或者完全任意的方法来防治疾病。没有解剖学和生理学，就不可能有比较科学的治病方法，反过来说，没有解剖就不可能有解剖学和生理学，而教会则反对解剖。最早使解剖学成为一门科学的是维萨里，他曾一度成功地逃避了官方的谴责，因为他是查理五世皇帝的医生，

102 查理五世怕失去他宠爱的医生有可能使他的健康受影响。查理五世在位期间，为了咨询有关维萨里的问题，召开了一次神学家会议，会议认为解剖不是亵渎神圣。然而，菲力普二世的身体比较健康，他认为不应当保护一个可疑分子；维萨里不能再得到解剖用的尸体。教会认为，在人体里有一块毁坏不了的骨头，它是尸体的核心；当有人问维萨里时，他承认自己从来没有发现过这种骨头。这种回答是糟糕的，但也许还糟糕得不够。盖仑（像亚里士多德成了物理学进步的一大障碍一样，他成了医学进步的一大障碍）的医学上的信徒们，一直怀着无情的敌意跟踪着维萨里，终于找到了把他置于死地的机会。当他得到死者亲属的同意，对一个西班牙大公进行验尸时，发现解剖开来的心脏还有某些生机——这也许是他敌人说的。他们就向宗教法庭告发，说他犯了杀人罪。由于国王的权势，宗教法庭允许他去圣地朝圣，以此苦行赎罪；可是在他回
103 国途中遭遇船难，他虽游到了岸边，终因力竭而死。然而，他的影响并不消失；他的一个学生——法罗匹阿斯——工作得很出色，医学界逐渐承认：要知道人体中存在什么，其办法就是解剖开来看。

生理学比解剖学发展得晚，可以说，从血液循环的发现者哈维（1578—1657年）以后，它才成了一门科学。像维萨里一样，哈维也是个宫廷医生——先是詹姆斯一世的医生，后来是查理一世的医生——，可是他与维萨里不同，甚至当查理一世下台后，也没有遭到过迫害。在居间的一百年里，尤其在新教国家，对医学问题的意见已经开明得多。在西班牙各大学，到十八世纪末还否认血液循环，而且仍旧把解剖排除在医学教育之外。

古老的神学偏见虽已大大削弱了，但一旦受到任何令人震惊

的新奇事物的激发，就又重新出现。接种预防天花的疫苗曾引起
牧师们的一阵强烈抗议。巴黎大学神学院也以神学上的种种理由
对此表示反对。一个英国圣公会牧师在一次布道时说，约伯身上
的疖子无疑是由于被撒旦接种的缘故；许多苏格兰牧师在一个联 104
合声明中说，接种就是“力图阻挠天罚”。可是接种的结果使天花
死亡率非常显著地降低，以致神学上的恐怖无法压倒对于疾病的
畏惧。此外，1768 年喀德邻女皇请人给她和她的儿子接了种，虽
然从伦理观点来看她也许不是一个典范，但人们却认为她是处事
审慎方面的可靠向导。

这场论战本已开始平息，种痘的发现却又使它重新激烈起来。
牧师们（和医生们）认为种痘就是“与老天本身，甚至与上帝的意旨
作对”；在剑桥，举行了一次大学布道，反对种痘。迟到 1885 年天
花在蒙特利尔横行时，信天主教的那部分居民在他们牧师们的支
持下仍然拒不种痘。一个教士说：“如果我们害天花，那是因为我
们在去年冬天过狂欢节时大吃肉食，触怒了上帝。”“献身会神甫们
的教堂地处天花流行区的正中心，可是他们仍然反对种痘；他们劝 105
告忠实信徒们要信赖各种祈祷仪式的作用；在僧侣统治集团的容
许下，他们指挥庞大的行列庄重地向圣母马利亚祈求，并且仔细地
规定了念珠的用法。”①

麻药的发明是神学为阻止减轻人类的痛苦而进行干涉的另一个时机。1847 年辛普森建议把麻药用于分娩，然而牧师们立即提醒他上帝对夏娃说过的话：“你生孩子得受苦”（《创世记》，第三章

① 参看：怀特的《科学与神学的斗争》，第二卷，第 60 页。

第16条)。要是产妇用哥罗仿麻醉的话，那怎么能受苦呢？辛普森成功地证实了给**男人**服用麻药是无害的，因为上帝使亚当熟睡后才抽去他的肋骨。但是说到**妇女**的各种痛苦，至少是分娩时的痛苦，男教士们无论如何仍然不相信服用麻药无害。我们可以指出，在日本人们并不承认《创世记》的权威，但人们现在仍然希望妇女不用任何人为的减轻疼痛的方法而忍受分娩的痛苦。我们不能不得出这样的结论：妇女的痛苦对许多男人说来是件乐事，因此，
106 他们有一种墨守任何神学上或伦理上的法规的癖好，这种法规使忍受痛苦成为妇女的义务，即使并无避免痛苦的不正当理由时也如此。神学的危害并不是**引起**残酷的冲动，而是给这些冲动以自称是高尚的道德准则的许可，并且赋予那些从更愚昧更野蛮的时代传下来的习俗以貌似神圣的特性。

神学对于医学问题的干涉至今还未终止；对于像节育这种问题的看法，以及在某些情况下对于堕胎的法律许可，现在仍然受到经文和教令的影响。例如，请看几年前罗马教皇庇护十一世对教会发布的关于婚姻问题的通谕。他说：那些实行节育的人“违反天性，干了一种耻辱的而且本质上是邪恶的勾当。因此，圣经证明天主对这种可怕的罪行深恶痛绝，时常处它以死刑，是不奇怪的。”接着他就引述圣·奥古斯丁就《创世记》第三十八章第8至10条所说的话。他认为谴责节育无需更多的理由。至于经济上的论据，
107 他说：“我们为那些父母的苦难深受感动，他们极其贫困，在抚养孩子时经受了很大的困难”，但是，“任何困难都不可能证明把禁止一切本质上是邪恶的行为的上帝法律撇在一边是正当的”。至于因“医疗上或治疗上的”原因而终止妊娠，也就是说，当为了救妇女的

命医生认为需要这样做时，他认为这没有正当的理由。“究竟什么能是为直接杀害无辜这种行为作辩解的充足理由呢？无论伤害母亲还是伤害孩子，都是违反‘不得杀人’这条上帝的圣训和自然法则的。”他马上继续解释说，这句经文并不是谴责战争或死刑，并且断定：“正直而有技术的医生非常值得钦佩地力图保护母子的生命；反之，那些以行医为借口，或出于错误的怜悯心，促使母亲或者孩子死亡的人，证明他们自己根本不配从事高尚的医业。”因此，不仅从经文中引申出天主教教义，而且还认为这句经文甚至适用于最初发展阶段的胎儿，而后面这种看法的理由显然是从这种信条 108
中推导出来的，即认为胎儿具有神学上称为“灵魂”的这种东西。① 从这类前提中推导出来的结论可能正确也可能错误，但无论哪种情况，其论据都是科学所不能接受的。母亲的死，在教皇所说的那样事例中虽然是医生所预料的，但那并不是谋杀，因为医生绝不能**断定**她会死；她也许由于某种奇迹而得救。

然而，虽然我们刚才已经看到，神学至今还力图干涉人们认为道德问题特别复杂的医学，但在这个领域的大多数方面，争取医学的科学独立的斗争已经赢得了胜利。现在没有人认为讲究卫生防止疫病是不虔敬的；虽然某些人仍然坚持认为疾病是由上帝降施的，但他们并不争论说，试图防止疾病因此就是不虔敬的。随之而产生的人们体质的增强和寿命的延长是我们时代最显著最值得称赞的特征之一。即使除此之外科学没有为人类的 109

① 从前神学家们认为，男胎第四十天获得灵魂，女胎第八十天获得灵魂。现在大多数神学家的看法是，无论男胎女胎都是第四十天获得灵魂。参看：李约瑟的《胚胎学史》（*History of Embryology*）第58页。

幸福作出其他的贡献，我们也应当为此而感谢科学。那些相信各种神学信条的效用的人们，大概很难指出这些信条曾给予人类什么类似的好处。

第五章　灵魂与肉体 110

在科学知识的所有比较重要的学科中，心理学是最落后的。按其词源来说，“心理学”这个词的意思应当是“灵魂论”，但灵魂一词虽然对神学家们来说是很熟悉的，我们却几乎不可能把它看作是一个科学的概念。没有一个心理学家会说他研究的素材是灵魂，但如果要他说出那是什么，他会觉得不易回答。某些人会说心理学同精神现象有关，但如果要他们说明“精神”现象与提供物理学资料的那些现象有哪点不同（如果有不同的话），那么他们就会感到困惑。心理学的基本问题很快把我们领进哲学上的不确定领域，而且因为缺乏精确的实验知识，在心理学中比在其他学科中更难回避基本问题。然而成绩还是有的，许多古代的谬见已经被抛弃了。这种古代谬见有许多曾经不是作为原因就是作为结果，同
神学联系在一起。不过，它们并不像我们前面所讨论的那些问题 111
中的情形那样同一些特殊的经文或《圣经》中对事实的一些歪曲相联系，而是同一些形而上学的学说相联系，由于这样或那样的原因，这些学说已被认为是整个正统派教义的精髓。

“灵魂”一词最初在希腊思想中出现的时候起源于宗教，虽然不是起源于基督教。就希腊来说，它似乎起源于毕达哥拉斯学派的学说，他们信仰死后灵魂的转生，目的是为了得到最终的拯救，

这在于摆脱物质的束缚，而只要灵魂依附于肉体，它就必定受这种束缚。毕达哥拉斯学派影响了柏拉图，柏拉图又影响了早期基督教的教父；这样，把灵魂作为不同于肉体的某种东西的学说，就成了基督教教义的一个组成部分。后来还掺杂了许多其他的影响，尤其是亚里士多德和斯多葛派的影响；但柏拉图主义，特别是后期的柏拉图主义，是教父哲学中最主要的异教成分。

112 从柏拉图著作看来，那些与后来的基督教教义非常相似的学说，当时是一般群众广泛持有的见解，而不是哲学家们的见解。《理想国》(*Republic*)中的一个人物说："苏格拉底，请放心，当一个人几乎听信别人说他即将死亡时，他就感到惊恐并对从未打动过他的一些事情忧虑起来。他从前对那些关于死人的故事付之一笑，这些故事告诉我们在尘世间作恶的人到阴间必定受罚；可是此刻他心里受到恐惧的折磨，害怕那些故事也许可能是真的。"在另一段里我们看到："谋衰和他的儿子尤莫尔普斯声称，诸神赐予公道者的天惠令人愉悦，更甚于此"〔即今世之财富〕，"因为，他们把公道者带到地府，说他们在那儿斜卧榻上，头戴花冠，永飨琼浆玉液。"看来谋衰和屋否"不仅使个别人，而且使全体市民们都相信：
113 人们不仅在活着时，甚至连死后，都可以通过他们称之为秘密仪式的某些献祭和愉快的娱乐活动来涤除罪污；这些活动使我们免受阴间之苦，而不这样做的话，就会遭受恶运的折磨。"在《理想国》中，苏格拉底本人认为，为了鼓励勇敢作战，应该把来世描绘成安乐的；但他并没有说自己是否相信这是真的。

在古代，基督教哲学家们的学说主要是柏拉图哲学，十一世纪以后主要成了亚里士多德哲学。托马斯·阿奎那(1225—1274

年)是官方认为的最杰出的经院哲学家。他迄今仍然是罗马天主教会哲学正统派的典范。受梵蒂冈控制的那些教育机构里的教师们,虽然可以把笛卡儿或洛克,康德或黑格尔的体系当作历史上重要的事实加以论述,但他们得讲清楚这一点:唯一正确的体系是“天使博士”的体系。最多只能允许他们像阿奎那著作的译者一样,提出下述见解:阿奎那在讨论尸体复活后其父母也是吃人生番的吃人生番会遇到什么意外时,是在开玩笑。显然,被他和他父母吃掉的那些人对于组成他的身躯的肉体有优先权,因此,要是每人
都要索回自己那部分肉体的话,他就会落个一无所有。对于那些 114
信仰尸体复活的人们来说,这确实是个难题,而尸体复活是使徒信条所肯定的。我们时代的正统派既然要保留这个信条,却又把与之有关的棘手问题的严肃讨论看作只不过是开玩笑,这是其理智衰弱的一个标志。这个信条至今还有多大现实性,只要考察一下由此推导出来的那种反对火葬的论点就可以看出来了。新教国家中的许多人、天主教国家中几乎所有的人,甚至于当这些国家像法国那样自由解放的时候,都反对火葬。我兄弟在马赛火葬时,殡仪员对我说,因为神学的偏见,他以前几乎从未承办过火葬事务。显然,反对火葬的那些人认为:要是把人体的各部分变成了四处扩散的气体,而不是以蚯蚓和泥土的形式仍然保留在墓地里,全能的上帝就更难把它们重新组合起来。依我说,这种观点就是异端的标志,可事实上它却是最地地道道的正统派中流行的观点。

在经院哲学(这种哲学迄今仍然是天主教哲学)中,灵魂与肉
体都是实体。“实体”是源出于句法的一个概念,而句法起源于原 115
始人的那种或多或少是无意识的玄学思辨,他们确立了我们语言

的结构。人们把句子分解成主语和谓语，并且认为：有些词既可以当主语又可以当谓语，而另外有些词（在某种不太明显的意义上）却只能当主语；这些词——固有名称是其中最好的例子——应该表示“实体”。人们通常用来表达这一概念的词是“东西”——或“人”，要是用来指人的话。实体这个玄奥的概念只不过试图对常识中所说的东西或人的意思给予准确性而已。

让我们举个例子。我们可以说：“苏格拉底很博学”、“苏格拉底是希腊人”、“苏格拉底教过柏拉图”，等等；在所有这些话里，我们赋予苏格拉底以各种不同的属性。“苏格拉底”这个词在所有这些句子里完全是表示同一个意思，因此，苏格拉底这个人是不同于其属性的某个东西，是据说“生来具有”这些属性的某个东西。自
116 然的知识只能使我们根据属性来认识事物；要是苏格拉底有一个各种属性完全与他相同的孪生兄弟，我们就不可能把他们区别开来。然而实体是某种不同于其属性总和的东西。这一点在圣餐说中表现得再清楚不过了。在化体过程中，虽然面包的各种属性仍然保留着，但是这种实体变成了基督躯体的实体。在近代哲学兴起的时期，从笛卡儿到莱布尼茨（除斯宾诺莎外），所有的改革家都煞费苦心地证明自己的学说同化体说是一致的；当局犹豫了很久，但最后判定：只有经院哲学才是安全的。

因此看来，除了天启外，我们绝不可能断定此时所见的物或人与彼时所见的类似的物或人完全相同，或不完全相同；而事实上，我们总是处于犯喜剧性错误的危险中。在洛克的影响下，洛克的信徒们迈出了他所不敢迈的一步：他们全盘否定了实体这个概念的效用。他们说：只要我们能知道苏格拉底的一切，就可以根据他

的各种属性来辨认他。当你说出他生活于何时何地，是什么模样，
从事什么工作……时，你就说出了关于他的一切；没有必要去设想 117
这样一种根本不可能知道的核心，在这种核心中附有他的各种属
性，如针插上的针一样。绝对不可能知道的东西甚至连其是否存
在也是不可能知道的，因而假设其存在是毫无意义的。

作为具有各种属性但又不同于所有这些属性的某种东西的实体概念，曾为笛卡儿、斯宾诺莎和莱布尼茨所保留；洛克虽然不太强调，但也保留了这个概念。然而它却为休谟所摈弃，并且渐渐被逐出了心理学和物理学领域。至于发生这种情况的方式，下面马上还会谈到；现在我们得谈谈这种学说的神学含意以及由于摈弃了它而产生的种种困难。

首先谈一谈肉体。只要实体概念仍被保留，肉体的复活就意
味着把生前组成它的现实的实体重新组合起来。实体可能经历了
各种各样的变化，可仍然保持着它的同一性。但是，如果一块物质
仅仅是其属性的集合体的话，那么，当属性发生变化时其同一性也
就丧失了，说复活后升入天国的肉体与曾在尘世的肉体是同一个 118
“东西”，将是没有意义的。说也奇怪，这一困难与现代物理学中的
困难完全相同。一个原子，及其附属的电子，很容易发生突变，而
且变化后的电子与变化前的那些电子是不一样的。每个电子仅仅
是组成可见现象的一种方式而已，它们并没有那种必须在变化中
保持同一性的“实在性”。

“实体”的摈弃对于灵魂所产生的后果比起对于肉体来，更为严重。不过这些后果是非常缓慢地显露出来的，因为旧学说各种脆弱的形式曾一度被认为还是可以加以保卫的。起初，为了表面

上摆脱神学的含意，用“精神”一词来代替“灵魂”一词。后来“主体”一词又取而代之，这个词迄今仍被袭用，尤其是在对“主观的”与“客观的”作想象的对比时。因此，关于“主体”我得说几句。

显然在**某种**意义上可以说现在的我和昨天的我是同一个人，
119 举一个更为明显的例子，假如说我看到一个人，同时又听见他在讲话，那么在**某种**意义上可以说看见他人的我就是听见他讲话的那个我。因而人们认为，当我感知任何事物时，我与物之间存在着一种联系：感知的我是“主体”，而被感知的物便是“客体”。结果很遗憾，关于主体我们还是一无所知：它总是在感知着他物，但却不能感知它自己。休谟大胆地否认有主体这种东西，但这种观点是不行的。要是没有主体的话，那么那种永生的东西是什么呢？那种具有自由意志的东西是什么呢？那种尘世作恶阴间受罚的东西又是什么呢？这类问题是无法回答的。休谟不想回答这种问题，而其他人则没有他的胆量。

康德企图回答休谟所不想回答的问题，他认为自己找到了答案，这个答案由于其晦涩难懂因而被认为很深奥。他说，事物通过感觉作用于我们，但我们的本性迫使我们去感知的并不是那些自在的事物，而是另一种东西，它起因于我们的各种主观的附加因
120 素。这些附加因素中最显著的因素是时间和空间。据康德说，自在之物并不在时间或空间之中，虽然我们的本性迫使我们把事物看作好像是在时间或空间之中。同自在之物一样，自我（或灵魂）也不在时间或空间之中，尽管它作为一种可觉察的现象似乎存在于这两者之中。我们所能感知到的是一种现象的自我与现象的客体之间的联系，而在它们背后则存在着一种实在的自我和一种实

在的自在之物，这两者是永远不可能被觉察的。那么为什么要假定它们存在呢？因为这对宗教和道德来说是必需的。虽然我们无法通过科学的方法来了解实在的自我，但我们知道：它具有自由意志；它可以是善良的，也可以是邪恶的；它（尽管不在时间方面）是永生的；现世好人受苦这种表面上的不公正现象，必定得到在天国享乐的补偿。康德认为，“纯粹”理性不可能证明上帝的存在，而根据上述理由“实践”理性却能证明这一点，因为这是我们在道德领域里所直观了解到的事情的必然结论。

哲学不可能长久采取这种折衷的形式，康德学说中的怀疑论部分显示出比他试图用以挽救正统观念的那些部分有更经久的价 121
值。人们很快就发现，没有必要假设自在之物的存在，它只不过是一种被强调具有不可知性的旧“实体”而已。在康德理论中，可觉察到的“现象”只是表面的，而其背后的实在，倘若没有伦理学的种种假定，只能被认为是空洞地存在着的某种东西。当康德提出的那条思想路线在黑格尔那里达到顶点后，他的后继者们开始明白：“现象”具有我们所能知道的任何实在性；没有必要去假设一种无法感知的贴上优等商标的实在。当然，**可能**有这样一种优等的实在，但证明其**必然**存在的那些论据则是站不住脚的，因此，那个可能性只不过是那种无数的、空洞的可能性中的一个，这些可能性应当置于度外，因为它们是在已知的，或将来可知的事物的范围之外。而在可知事物的范围里，实体概念，或其以主客体形式出现的变态，是没有地位的。我们所能觉察到的那些基本事实没有这种两重性，也并未为那种认为“人”或“物”绝非现象的集合体的观点 122
提供论据。

在考察灵魂与肉体的关系时，我们发现，不仅实体概念很难同现代哲学相容，而且在因果性方面也有同样的困难。

因果概念进入神学领域这主要同罪有关。罪是意志的一种属性，而意志则是行为的原因。但是，意志本身永远也不可能是前因的结果，因为假如它是前因的结果的话，我们就可以对自己的行为不负责任；因此，为了维护罪这个概念，意志不仅必须是无原因的（至少有时如此），同时也必须是一种原因。这就需要若干既有关精神事件的分析又有关精神与肉体的关系的命题，而其中有些命题随着时间的推移变得很难继续维持。

这种困难最初是由于力学定律的发现而产生的。在十七世纪人们已经明了，似乎为实验和观测所证实的那些定律决定着所有
123 的物质运动。把动物或人的肉体排除在外、加以照顾的做法看来是没有道理的。笛卡儿推断说，动物是自动机，但仍然认为人的意志能促使肉体活动。物理学的发展很快证明了他的折衷方案是不能成立的，于是他的门徒们抛弃了那种认为精神能作用于物质的观点。他们甚至主张物质反过来也不能作用于精神，企图以此来作出公正的评判。这就使他们得出关于两个平行系列的理论，即精神事件系列和物理事件系列，它们各自都有自己的法则。当你遇见一个人，决定说“你好”时，你的决定属于精神事件系列；但是，似乎由此引起的唇、舌、喉的活动，实际上纯粹是由于力学的原因。他们把精神和肉体比作两个走得很准的钟：当一个钟走到整点时，虽然它并未影响另一个钟，但两个钟都鸣响报时。倘若你能看到其中的一个钟，而另一个钟只是听到其打点，你就会以为你能看到的这个钟促使那个钟打点。

这个理论除了令人难以置信外，还有一个缺陷，就是它不能拯救自由意志。它假定，肉体情形与精神情形之间有一种严格的相 124 应关系，所以，倘若知道其中一个，就可以从理论上推断出另一个。谁要是既知道这种相应关系的定律又知道物理学定律，而且有足够的知识和技能，他就能预言精神事件和物理事件。总之，没有物理现象相伴随，精神意志是没有用的。物理学的定律决定你什么时候会说“你好”，因为这是一种物理行为；而当事实上你已注定应说相反的话时，相信你会**愿意**说“再见”，这将是一个小小的安慰。

因此在十八世纪的法国，笛卡儿学说被纯粹的唯物主义所取代是不奇怪的，这种唯物主义认为，人完全是受物理学定律支配的。在这种哲学中意志不再有任何地位，罪的概念也消失了。灵魂是没有的，因此，除暂时组成人体的那种各别的原子外，没有什么不灭的东西。这种哲学曾被认为助长了法国大革命的暴行，恐怖时期后它成了一个可怕的东西，起初所有与法国作战的人害怕 125 它，后来（1814 年后）所有拥护政府的法国人也害怕它。英国重新陷入正统观念，德国则采取了康德后继者的唯心主义哲学。接踵而来的是浪漫主义运动，它注重感情，不承认人的行为是受数学公式支配的。

与此同时，在人类生理学方面，厌恶唯物主义的那些人不是把神秘主义就是把“活力”当作自己的护身符：有些人认为，科学永远不能了解人体；另一些人宣称，只有求助于那些不同于化学和物理学的原理，才能了解人体。现在，虽然后者还有个别支持者，但这两种观点在生物学家中间都已不太流行。胚胎学、生物化学以及有机化合物的人工制作方面所取得的成果，越来越证实生物的特

性完全可以用化学和物理学的术语来说明。当然进化论已使人无法假定，适用于动物体的那些原理不适用于人体。

126 再回到心理学和意志论：我们许多意志（也许是大部分的意志）是有原因的，这往往是很清楚的事情；可是正统派哲学家坚持认为，这些原因与物质世界的那些原因不同，它们并不一定产生结果。他们坚决主张，光凭行施意志总是能抵制住哪怕是最强烈的欲望。于是有人就认为：当我们受情欲支配时，我们的行动是不自由的，因为它们有原因；但有一种有时叫作“理性”，有时叫作“良知”的官能，要是我们听从它的指导，它就给予我们真正的自由。他们认为，与纯粹任性相对立的“真正的”自由就是对道德律的遵从。黑格尔主义者更进一步，他们认为道德律就是国家的法律，所以，“真正的”自由就在于对警察当局的服从。这一学说曾深受各国政府的欢迎。

然而，认为意志往往是无原因的这种理论是很难站得住脚的。那些最有德性的行为总不能说是无动机的吧。一个人也许希望取悦上帝，希望赢得他的邻居的赞同或安慰自己，希望看到别人的幸福，或减轻别人的痛苦，等等。这些欲望中任何一个都可以引起善
127 良的行为，一个人除非怀有某种善良的欲望，否则他就不可能做出道德律所赞许的事情。关于欲望的种种原因，我们现在要比从前知道的多得多。我们有时可以在内分泌腺的活动中发现它们，有时可以在早期教育中发现它们，有时可以在忘却了的经验中发现它们，有时可以在希望得到赞同的欲望中发现它们，等等。在大多数情况下，欲望是由许多不同的原因导致的。有一点是很明显的，那就是，当我们作决定时，我们这样做是某种欲望的结果，尽管同

时还可能有朝着相反的方向吸引着我们的另一些欲望。在这种情况下，如霍布斯所说的，意志是深思熟虑中“最后余留的欲望”。因此，认为意志活动是完全没有原因的观念是不堪一驳的。关于这一观念在伦理学中所造成的后果，我们将在下一章中谈到。

随着心理学和物理学越来越科学，这两门学科中的传统概念逐渐被更精确的新概念所取代。直到最近为止，物理学一直满足于谈论物质和运动；而物质不管在哲学上一直多么受到重视，但从术语上说，它就是中世纪意义上的实体。现在我们已发现，即使从术语上说，仅仅谈论物质和运动也是不够的，而理论物理学家的思考程序已经变得更加符合科学哲学的要求。同样地，心理学现在 128
也感到必须抛弃“知觉”和“意识”那种概念，因为它发现这些概念不够精确。为了说明这一点，关于这两个概念还得说几句。

“知觉”乍看起来似乎完全是直接的。我们“感知”太阳和月亮、我们所听说的话、我们所触摸的东西的软硬、臭蛋的臭气，或芥末的滋味。关于我们作这种描述的事件是毫无疑问的，可疑的只是这种描述。当我们“感知”太阳时，已经是经历了一个漫长的因果过程，它起初是在九千三百万英里的间隔空间里，然后又在眼睛、视神经和大脑里。我们称之为看见太阳的这种最终的“精神”事件，当然是不可能同太阳本身非常相似的。像康德的自在之物一样，太阳仍然是在我们经验之外，为了要知道它（如果可以知道的话），只有借助于从我们所谓“看见太阳”这一经验中得出的艰难推论。我们认为，太阳存在于我们经验之外，因为许许多多的人都 129
同时看见它，而且通过假设太阳在没有观察者的地方也发生作用，使得各种各样的事物，例如月光，得到了极其简单的解释。但是，

我们肯定不是直接地简单地“感知”太阳的，就像我们在了解感觉的这种复杂的物理因果关系之前**似乎**是那样“感知”的。

如果我们遇到某件事情，它主要是由一个客体导致的，而且具有能使我们对那个客体作出推论的那种性质，那么在笼统的意义上，我们能说：我们“感知”了那个客体。当我们听见一个人讲话时，我们所听见的话中的差异和他所讲的话中的差异是相应的；中间媒介物的影响大体上是不变的，因此或多或少地可以不加以考虑。同样地，当我们看见并排贴着红、蓝两块色片时，我们有理由认为，发红光的地方与发蓝光的地方有某种差异，尽管这种差异当然不同于红的感觉与蓝的感觉之间的那种差异。用这一方法，我

130 们可以试图拯救“知觉”概念，但永远不可能赋予其以精确性。中间媒介物向来具有**某种**歪曲的效能：红的地方也许是因为隔着烟雾而显得红，或者，蓝的地方也许是因为我们戴着有色眼镜而显得蓝。要从我们很自然地称作为“知觉”的那种经验中对客体作出种种推论，我们必须懂得物理学和感官生理学，必须具有关于我们与客体之间的间隔空间中所存在的东西的全部知识。要是完全掌握了这种知识，并且假定外部世界是真实的，我们就可以推导出关于“被感知”的客体的某种高度抽象的知识。但暗含在“知觉”这个词中的温暖感和直接性，都将消失在用艰深的数学公式来进行的推论过程中。就远距离客体来说，如太阳，这一点是不难理解的。但是，我们所碰到、闻到和尝到的客体也同样如此，因为我们对这类东西的“知觉”是由于顺着神经到达大脑的复杂过程而引起的。

“意识”问题也许更难。我们说我们是“有意识的”，但棍子和石子却没有；我们说我们醒着的时候是“有意识的”，但睡着的时候

则没有。当我们这样说的时候，我们当然是指某种东西，而且是指 131
某种真实的东西。但要精确地表达这种真实的东西究竟是什么，却是件困难的事情，而且得改变语言才行。

当我们说我们是“有意识的”时候，我们的话有两种意思：一方面，意味着我们以某种方式对周围环境作出反应；另一方面，意味着我们内省时似乎觉得在我们的思想和感情中有某种无生物所没有的特性。

就我们对周围环境作出反应来说，这是由于意识“到了”某种东西。如果你喊一声“喂”，人们就会掉转头来看，而石头则不然。当你自己在这种情况下掉头看时，你就知道，这是由于听见了一种声音的缘故。只要能假设：一个人“感知”到了外部世界的事物，那就可以说，他在知觉过程中“意识”到了它们。现在我们只能说我们对刺激物有反应，而且石头也如此，虽然使它们起反应的刺激物是比较少的。因此，就外部“知觉”而论，我们与石头的差别只是程度的差别。

“意识”概念的较为重要的部分涉及我们通过内省所发觉的那
种特性。我们不仅对外部客体有反应，而且我们还知道我们有反 132
应。我们认为，石头是不知道它有反应的，但假如它知道的话，它就有“意识”了。在这点上，根据分析能发现，这种差别也是一种程度的差别。知道我们看见某个东西，这并不真是一个超越于看见本身的新知识，除非是记忆。如果我们先看见某个东西，然后立刻想到我们看见了它，那么，这种似乎是内省的思考乃是一种即刻记忆。记忆可以说是某种特殊的“精神性的”东西，不过这种看法又可以被否定。记忆是一种习惯，而习惯是神经组织的特性，尽管其他事物也可以拥有这种特性，例如一卷纸，把它摊开后，它自己又会卷起来。以上对我们笼统地称之为“意识”的这种东西所作的分析，我并不认为是全面的；这是个大问题，若要全面阐述的话，得写一部书。我的意思仅仅是想指出：那种乍见之下似乎精确的概念其实完全相反；科学的心理学家需要一种不同的术语。

最后，应当说灵魂与肉体之间那种古老的差别已经消失，这既
133 是因为“物质”已经失去了其古老的强度，也同样是因为“精神”已
经失去了其灵性的缘故。以前人们普遍认为，而且现在仍然还有
人认为，物理学的材料就其能为大家所见这个意义而言，是公开
的，而那些通过内省所获得的心理学材料，则是隐秘的。但这种差
别只是一种程度的差别。两个人不可能正好同时感知同一个客
体，因为他们观点的不同致使他们所见的东西产生某种差别。经
过仔细考察，人们发现，物理学的材料具有一种类似于心理学材料
的隐秘性。而它们所具有的那种类似的公开性，在心理学中也并
不是完全没有的。

形成这两门科学的出发点的那些事实，至少有一部分是完全
相同的。我们所看见的色片既是物理学的材料，同样又是心理学
的材料。物理学从一种角度进行一组推论；心理学从另一种角度
进行另一组推论。可以这样说（虽然这种表述也许是非常粗糙
的）：物理学研究的是大脑外的因果关系，而心理学研究的则是大
134 脑内的因果关系——后者不包括生理学家对大脑作外部考察时所
发现的那些因果关系。在某种意义上说，那些既是物理学的又是
心理学的材料就是发生于大脑里的事件。它们有一连串外部原
因，那是由物理学研究的；它们也有一连串内部结果（记忆、习惯

等），那是由心理学来研究的。但是，没有证据可以证明物理世界的要素与心理世界的要素在本质上有任何差别。我们并非像以前所想象的那样了解这两个世界，但我们有充分的知识，完全能够肯定，无论是“灵魂”还是“肉体”都不可能在现代科学中找到席位。

剩下来应该讨论的是，现代各种生理学和心理学的学说对永生那种正统信仰的可信性有何关系。

我们知道，主张肉体虽死灵魂不灭的教义一直广泛地为基督徒与非基督徒、文明人与野蛮人所接受。在基督时代的犹太人中间，法利赛人信仰灵魂不灭，而撒都该人却不信，他们墨守旧的传统。永生的信条在基督教教义中始终占有很显要的位置。据罗马天主教信条说，某些灵魂在炼狱中经受一段时期的涤罪痛苦后，就进天国享福。其余的灵魂在地狱里永远受苦。在现代，自由派基督徒往往偏于这种看法：地狱的痛苦不是永绵不尽的；从 1864 年英国枢密院决定他们这种看法不是违法的以后，这一看法开始为许多圣公会牧师所接受。但是，十九世纪中叶以前几乎很少宣称信教的基督徒怀疑永罚的真实性。对地狱的恐惧过去是（而且在较小的程度上现在还是）极端忧虑的根源，这种忧虑大大削弱了由于相信灵魂不灭而获得的安慰。拯救其他灵魂免下地狱的动机曾被作为迫害的理由而受到鼓励；因为如果异端者能够迷惑其他灵魂，从而使之遭受地狱之苦，那么，为防止如此可怕的后果而采用的人间折磨就是再大也不能认为过分。因为，不管现在人们是怎么认为的，从前除少数人外普遍认为，异端同灵魂的拯救是不相容的。

地狱信仰的衰落并不是由于产生了新的神学论据，也不是由

136 于科学的直接影响，而是由于十八、十九世纪暴行的普遍减弱。它是法国大革命前不久导致许多国家废除酷刑，和十九世纪初导致改革那种曾使英国蒙受耻辱的野蛮刑法的同一个运动的一个组成部分。当今甚至那些仍然信仰地狱的人们也认为，被判为得受地狱之苦的人数比人们以前认为的要少得多。现在，我们的狂暴炽情并不带有神学倾向，而是带有政治倾向。

令人奇怪的是，如同对于地狱的信仰越来越变得不明确一样，对于天国的信仰也失去了鲜明性。天国虽然仍为基督教正统教义所承认，但在现代讨论中人们很少提及它，而谈论较多的则是进化过程中神意的各种证据。现在，维护宗教的论据详细论证宗教在促进现世美好生活方面所起的作用要比论证它与来世的联系更多。认为今世完全是来世的准备的那种信仰，从前曾经影响过人们的德行，而现在它甚至对于那些并不是有意识地反对它的人们也没有多大影响了。

137 关于不朽这个问题，科学要说的话是不很明确的。的确，有一种论据有利于死后灵魂存在之说，它至少在意图上完全是科学的——我指的是同心灵研究所探索的现象有关的那种论据。我本人没有关于这个问题的足够知识来评判已有的证据，但很清楚，可能有种证据，它会使有理智的人们信服。不过，对此必须附加某些条件。第一，这种证据最多只能证明我们死后灵魂还存在，并不证明我们的灵魂永远存在。第二，在具有各种强烈欲望的情况下，即使是平素说话精确的人，他们的证言也是很难相信的；第一次世界大战期间以及所有大动乱时期就有许多这样的证据。第三，如果根据其他理由，我们的人格似乎不大可能不同肉体一起消亡，那

么，我们就需要比以为灵魂不死这种假说本来就是可能的时更有力的证据，来证明灵魂不死。即使最狂热的唯灵论信徒，也不可能冒称掌握像历史学家们能够用来证明女巫亲自对撒旦表示敬意那样多的、关于灵魂不死的证据，但现在几乎所有的人都认为，这类 138
事件的证据甚至不值得检验。

对于科学来说，困难则产生于这样一个事实：看来似乎并不存在灵魂或自我这样一种实体。我们知道，现在再也不可能把灵魂和肉体看作两种"实体"，具有形而上学家认为在逻辑上与实体概念有密切联系的那种时续性。在心理学中，也没有任何理由去假设一种在知觉过程中与"客体"相接触的"主体"。直到最近为止，人们都认为物质是不灭的，但物理学技术已不再作这样的假定。现在，原子只是把某些事素组合起来的一种便利方式；把原子看作是核和伴随的电子，这在一定程度上说来是方便的，但电子此时与彼时是不同的，总之，现代物理学家没有一个认为它们是"真实的"。只要还存在被认为永存的物质实体，就不难论证精神必然同样也是永存的；但是这个论据从来就不是一个非常有力的论据，现在已不能再引用。物理学家们以种种充足的理由把原子归结为一系列事素；心理学家们以同样充足的理由认为，精神并不是一个单 139
独、持续的"东西"，而是借助于某些内在联系结合在一起的一系列事素。因此，不朽的问题已成了在同一个活的肉体有关的事素与那个肉体死后所发生的另一些事素之间，是否存在这些内在联系的问题。

要想回答这个问题，我们首先就得确定：把某些事素如此这般地给合在一起，使它们成为一个人的精神生活的那些联系究竟是

什么。其中最重要的显然是记忆:我能回忆的事情是我所碰到过的。如果我能回忆起某个场合,而且还能回忆起那个场合中的另外某件事情,那么那件另外的事情也是我所碰到过的。也许有人会反对说,两个人可以回忆同一件事,但那肯定是错误的:两个人绝不可能正好看见同一个事物,因为他们的位置是不同的。他们也不可能有完全相同的听、嗅、触、味等经验。我的经验可以近似
140 另一个人的经验,但或多或少总有差别。每个人的经验都是私人独有的,当一个经验寓于回忆另一个经验时,这两个经验就被认为属于同一个"人"。

另外还有一个与心理学关系不大的、关于人格的定义,它从肉体中推导出人格。使活的肉体在不同的时候具有同一性的那个东西的定义,也许是费解的,但我们暂且认为它是理所当然的。我们还暂且认为,我们所知的每个"精神性的"经验都必定与某个活的肉体有关。因而我们可以把"人"定义为与某个肉体有关的一系列精神事素。这是一个合法的定义。譬如说,约翰·史密斯的肉体犯了杀人罪,后来警察逮捕了约翰·史密斯的肉体,那么逮捕时栖居于那个肉体中的人,就是杀人凶手。

在所谓双重人格的情况下,这两种给"人"下定义的方法就发生冲突了。在这种情况下,外部看来似乎是一个人,主观上却被分裂为二:有时两者互不了解;有时一个了解另一个,但反之却不然。
141 在两者互不了解的情况下,如果用记忆来定义,那就有两个人,但如果用肉体来定义,就只有一个人。双重人格经由心不在焉、催眠状态和梦游,达到其极度状态,有一个规则的等级。这使人们把记忆当作人格的定义产生了困难。但忘却的记忆似乎可以通过催眠

术，或在精神分析的过程中重新再现；因而，这个困难也许不是不能克服的。

除真实的记忆外，人格还含有各种或多或少类似记忆的其他成分——例如习惯，它是作为过去经验的结果而形成的。因为在有生命的地方事素能够形成习惯，所以，“经验”不同于仅仅一次的事素。一个动物，尤其是一个人，是以某种与无机物不同的方式由经验形成的。如果一个事素以与习惯的形成有关的特殊方式，同另一个事素有因果联系，那么这两个事素都属于同一个“人”。这个定义比单用记忆来解释的那个定义广泛，它包含记忆定义所包含的一切，另外还有许多其他内容。

假如我们要相信肉体死后人格仍然存在，我们必须假定记忆，
或至少是习惯，继续存在，因为否则就没有理由认为这同一个人继 142
续存在着。但是生理学对这一点表示异议。习惯和记忆这两者都是由于对肉体，尤其是对大脑的各种作用形成的；习惯的形成可以被认为类似河流的形成。然而，由于肉体的死亡和腐烂，产生习惯和记忆的那些对肉体的作用也就消失了，因此除了奇迹外，很难理解它们怎么会被转移到诸如我们可能被认为来世将栖居于其中的新肉体里去。假使说我们会变成游魂，那只不过使这个问题变得更难理解而已。我确实很怀疑，根据现代物质观，游魂在逻辑上是否成立。物质仅仅是组合事素的某种方式，因此，哪里有事素，哪里就有物质。如果像我所主张的，一个人在他肉体活着的一生中的连续性依赖于习惯的形成，那么这个人的连续性必然也依赖于肉体的连续性。把河流原封不动地搬上天也许就像把人搬上天同样的容易。

143 人格实质上是一种有机物。由某些联系组合在一起的某些事素构成一个人。这种组合是通过因果律来实现的(这些因果律同其中包括记忆的习惯形成有关),而这些有关的因果律则依赖于肉体。如果这种论点是正确的(有强有力的科学根据认为它是正确的),那么,指望大脑崩裂后人格还存在就如同指望板球俱乐部的所有成员都死绝了而这个俱乐部还存在一样。

我自己并不以为这个论点是结论性的。科学的未来是不可能预料的,特别是心理学,它才刚刚开始变得科学。心理学的因果关系也许能摆脱其目前对于肉体的依赖。但是就心理学和生理学的目前状况而言,对永生的信仰无论如何不可能取得科学的支持,而在这个问题上能站得住脚的那些论点都倾向于表明,肉体死后人格大概也就消失了。我们也许为我们灵魂会死这种思想感到遗憾,但想到所有的虐待者、迫害犹太人者、骗子都不会永远继续存在,却是一种安慰。也许有人会对我们说,这些人到时候会改过自新的,但是我对此表示怀疑。

第六章　决定论 144

随着知识的发展，对大多数信仰宗教的男女来说，圣经中记载的历史和古代以及中世纪教会所精心制作的神学，已经变得不像从前那么重要了。除了科学的作用之外，对圣经的批判也使得人们难以相信圣经中的每一句话都是正确的。例如，现在人们都知道《创世记》中两个不同的作者对于创世就有两种不同的、前后矛盾的描述。人们现在认为这类问题是无关紧要的。但是，人们认为，有三个主要的教义——上帝、永生和自由——是构成基督教的最重要成分，因为它同历史事件没有联系。这些教义属于被称为"自然宗教"的东西；在托马斯·阿奎那和许多近代哲学家看来，不用启示的帮助，单靠人类理性就能证明这些教义是正确的。因此，搞清楚科学对这三个教义得说些 145
什么，这一点很重要。我本人认为，在目前，科学既不能证明也不能驳斥这三个教义，而且我还认为，要想证明或驳斥任何东西，除了科学以外没有其他方法。然而我认为现在有些科学论点，它们能使证明和驳斥这三个教义成为可能。这种看法对于自由和它的对立面决定论来说，尤其适用。在本章中我们就要加以探讨。

前面已经谈到过关于决定论和自由意志的历史的某些问题。我们知道，决定论在物理学中找到了自己最强有力的同盟，物理学似乎发现了支配着一切物质运动，并且使它们可以从理论上加以

预言的规律。说来也奇怪，当前反对决定论的最强烈的论据同样也是来源于物理学。我们在探讨决定论之前，尽可能清楚地把这个问题解释一下。

决定论具有两重性：一方面，它是指导科学考察的一种实际准则；另一方面，它是关于宇宙本质的一种普遍学说。即使这一普遍
146 学说是错误的，或者是靠不住的，这种实际准则也可能是正确的。
我们先谈实际准则，然后谈普遍学说。

这种准则引导人们去寻求因果律，也就是说，寻求某一时间所发生的事情同另一时间所发生的事情之间的联系的规律。在日常生活中我们用这类规律来指导我们的行动。但是我们所应用的规律是简单的，它们抛弃了准确性换来了这种简单化。按一下电钮，电灯就会亮——除非保险丝烧断了；划一下火柴，火柴就会着——除非火柴头断了；挂电话，就能通话——除非搞错号码。这类规律将不适用于科学，因为科学需要某种永恒不变的东西。天文学家牛顿应用万有引力定律的方法确定了因果律的观念，在他看来，在整个无限漫长的时期中行星过去和将来的位置是可以计算的。探究其他方面支配现象的规律要比探究行星轨道方面支配现象的规律更加困难，因为探究其他方面的这种规律就会遇到各种各样更加复杂的原因，而且周期循环的规则性也较少。不过，在化学、电磁学、生物学，甚至在经济学中还是发现了因果律。发现因果律是科学的
147 本质，因此，毫无疑问，科学家们应当去寻求因果律。要是某个领域
没有因果律，那么这个领域就没有科学。科学家应当寻求因果律这条格言，如同采集蘑菇的人应当寻找蘑菇这条格言一样明白清楚。

因果论本身不一定包含过去**完全**决定将来这层意思。白人的

子孙也是白的，这是因果律，但如果说这是已知的唯一遗传规律，那么我们就不可能预见白人父母的子孙的许多东西。作为一种普遍学说的决定论认为，过去完全决定将来总是可能的，如果充分了解过去和因果律的话。根据这一原则，考察者在考察某个现象的时候应当能够发现先前的种种情况和因果律，两者一起使这一现象必然发生。然后，由于考察者已经发现了这些规律，当他观察类似的情况时，他应该能够推断出类似的现象即将发生。

准确地阐述决定论，即使不是不可能的，也是很不容易的。要 148
是我们努力去这样做的话，就会发现自己在断言：无论是这个还是那个在“理论上”都是可能的，然而谁也不知道“理论上”这个词究竟是什么意思。断言“存在着”决定将来的规律，那是没有意义的，除非再加上一句：我们有希望找出这些规律。显然，未来将是它将是的样子，从这个意义上说它是早已被决定了的：例如正统派就相信，全能的上帝一定现在就知道将来的全过程；既然存在全能的上帝，因此就有一种能从其中推断出未来的现存事实——即，上帝的先知。然而在科学上这是不能验证的。如果决定论这个学说要断言能被迹象表明有可能发生，或者不可能发生的任何事情，那么，在阐述这种事情时就必须联系我们人的能力。否则，我们就要冒遭到与《失乐园》里的魔鬼同样命运的危险，他们

在蜿蜒曲折的迷途中，
用天命、先知、意志和命运、
注定的命运、自由意志、绝对的先知
来推断道路，结果是徒然。

即使我们将拥有某种能被检验的学说，也不足以就此说自然
149 界的整个过程必定由因果律来决定的。这种情况也许是真实的，然而谁也发现不了——例如，很难说是否较远的东西比较近的东西更起作用，因为我们要详细了解极其遥远的星球之后，才能预见地球上将要发生的事情。假如我们日后能够检验我们的学说，那我们一定能联系宇宙的某个有限的部分来阐述它，而且这些定律肯定非常简单，足以使我们可以依靠它们来进行演算。我们不可能认识整个宇宙，也不可能检验那些非常复杂，以至于需要那种我们所不可能具有的、更高的技能，才能算出其结果的定律。复杂运算的技能此刻也许超出可能的范围，可是不会超出不久也许可以达到的范围。这一点是相当明显的。但是，当我们已有的资料限于宇宙的某个有限部分时，要阐明我们的原理使之能够应用，则还有困难。外部的事物可能经常闯入，并且产生预料不到的作用。有时天空中出现一颗新的星星，然而，这些星星的出现是不能根据局限于太阳系的资料来预言的。由于没有比光传播得更快的东西，因而没有办法使我们事先知道有一颗新的星星将要出现。

150 我们可以用下述办法来试图摆脱这个困难。让我们假设，我们知道 1936 年初在我们占据其中心的某一空间里所发生的一切事情。为了明确起见，我们还要假说，这个空间是如此之大，以至于光从这个空间的圆周传到中心需要整整一年。因为没有比光传播得更快的东西，那么，如果决定论是正确的话，1936 年在这个空间中心所发生的一切肯定只是由那年年初在这个空间里的事物决定的，因为更远的事物需要一年以上的时间才能对中心有所影响。在这一年结束以前，我们不可能真正拥有我们所想象的全部资料，

因为光从圆周到达我们的地方需要一年时间；但是当这一年结束后，我们就能够回过头来考察我们现有的资料连同已知的因果律是否能够说明在这一年中地球上所发生的一切。

因此，我们现在就能阐述决定论的这个假设，虽然恐怕这种阐述是相当复杂的。这个假设如下：

存在着一些能够发现的因果律，因此有足够的（但并不是超人 151
的）计算能力的人，只要知道在某个时间某个空间正在发生的一切，就能预见在光从空间的圆周到达中心所需要的时间里，在空间的中心将发生的一切。

我希望人们能清楚地懂得，我并不是在断言这个原则是正确的；我只是断言，这就一定是"决定论"的意思，要是可能有任何支持或反对决定论的证据的话。我不知道这个原则正确与否，其他人也不会知道。它可以被认为是科学为之奋斗的一种理想，但是，它既不能被认为是肯定正确的，也不能被认为是肯定错误的，除非是根据某个先验的理由这么说。我们在考察那些被用来支持或反对决定论的论据时，很可能会发现，人们头脑中考虑的想法还不如我们所得出的原则明确。

现在，科学家们正在根据科学的理由向决定论提出挑战，这是历史上第一次。这场挑战是由于用新的量子力学的方法研究原子而引起的。阿瑟·艾丁顿爵士一直是这场抨击的领导者，尽管某
些杰出的物理学家（如：爱因斯坦）在这个问题上不同意他的观点， 152
他的论据是很有力的，我们必须尽量深入地加以考察，同时避免涉及技术细节。

根据量子力学，一个原子在特定的情况下将如何行动，那是不

可能知道的;由于存在着一组确定的可供它自由挑选的选择,因此,它有时选择这一个,有时选择另一个。我们知道,原子作某种选择将占多大比例,作第二种或第三种选择将占多大比例,如此等等。但是我们不知道在个别情况下决定这种选择的规律。我们处在与帕丁顿车站的售票员同样的境况,如果他愿意的话,他能发现从此站去伯明翰的旅客的比例,去埃克塞特的旅客的比例,等等,但是他不可能知道旅客在某种情况下作出某种选择,在另一种情况下作出另一种选择的具体原因。然而情况并非**完全**类似,因为售票员有他的业余时间,那时他可以了解到人们在买票的时候不
153 会提及的各种人事。物理学家就没有这种优越条件,因为他在业余时间不可能去观察原子;他不在实验室时,只能观察到广大的、由千百万个原子组成的群众所做的事情。而在他的实验室里,那些原子几乎同火车就要开动之前急急忙忙买票的人们一样不爱说话。因此,这位物理学家的知识与售票员的知识相同,如果这个物理学家除了在工作时间总是睡觉的话。

到此可以看出:这种从原子的行动中推断出来的反对决定论的论据,完全依赖于我们现在的无知;也许明天由于某种新规律的发现它将遭到驳斥。在某种程度上,这种看法是正确的。我们最近才对原子有了详细的认识,因而我们完全有理由认为这种认识还将加深。任何人也不能否认,那些将表明原子为什么在某种场合下选择这种可能性,而在另一种场合下选择另外的可能性的规律是能够发现的。现在,我们不知道这两种不同选择的前提有什么相应的区别,但是总有一天这种区别会被发现。要是我们有充足的理由相信决定论,那么这种论据是很有分量的。

对决定论者来说不幸的是，近代的原子任意说又有进一步发 154
展。我们曾经有——或者我们曾经认为有——从普通物理学中得
出的大量证据，这些证据有助于证明物体总是按照完全决定其将
如何运动的规律运动的。现在看来，所有这些规律完全不过是统
计性质的。原子按某种比例在各种可能性中进行选择，而且，原子
的数量是如此之多，以至于就那些较大而能够用老式方法观察到
的物体来说，结果看来是完全有规则的。假设你是一个巨人，看不
见单个的人，而且也觉察不到一百万人以下的人群。你只能注意
到伦敦市里的物质白天要比夜晚多，但你不可能知道某一天狄克
逊先生病倒在床上，没有像通常那样乘坐火车。因此，你就会认
为，物质早晨进入伦敦晚上离开伦敦的这种运动，比物质运动的实
际情况更规则得多。毫无疑问，你会把这种运动归因于太阳的某
种特殊力量，因为，这种假设能够通过观察到在雾天这种运动受到
阻碍而得到证实。如果你后来能观察到单个的人，那么就会发现
事情并不像你原来所想象的那样有规律。狄克逊先生在某一天生 155
病，辛普生先生在另一天生病，这并不影响统计上的平均数，而且
对于大规模的考察来说，并不存在什么差别。你会发现你以前观
察到的所有规则性都能由大数目的统计定律来说明，用不着假设
狄克逊先生和辛普生先生早晨偶然没去伦敦是有超过任意性之外
的原因的。物理学在原子方面所碰到的正是这种情况。它不知道
完全决定原子行动的任何规律，而它所发现的那些统计定律足以
说明大物体运动中所观察到的规则性；由于决定论依赖于这些统
计定律，所以看来它已经失败了。

决定论者可以试图用两种不同的方法来回答这个论据。他可

以辩解说:以前,有些偶然发生的事情起初看来不受规律的支配,后来被证明它们遵循着某个规则。而且他还可以辩解说:如果它们还没有被证明遵循着某个规则,那么,这个论题的极其复杂性提
156 供了一个充分的说明。假若像许多哲学家认为的那样,存在着相信规律支配一切的种种先验理由,这种辩解就是一个很好的论据;但是如果不存在这种理由,那么这个论据就会遭到强有力的驳斥。大规模发生的事情的规则性是由那些概率定律造成的,无需假设单个原子活动中的规则性。量子论就单个原子所做的假设就是一条概率定律:在供原子自由进行的各种可能的选择中,存在着某种选择的已知的概率、第二种选择的另个已知的概率,等等。根据这条概率定律,可以推断:大物体**几乎**肯定是像传统力学所预料的那样行动。因此,人们观察到的这种大物体的规则性仅仅是大概的、近似的,它并未为想象单个原子的活动中有某种准确的规则性提供归纳性的根据。

决定论者可以试图作出的第二种回答是更加困难的,而且至今还不可能估计它的正确性。他可以说:如果你看到大量相同的原子在显然相同的情况下所作的选择,你就会承认,它们进行各种
157 可能的变化的次数是有规则的。这种情况与生男孩生女孩的情况相似:我们不知道一次特定的生育将是男性还是女性,但是我们知道,在英国每生二十个女孩大约相应地生二十一个男孩。因此,尽管在任何一个家庭中性别的比例不一定有规则,但在整个人口中却是有规则的。就生男生女来说,现在大家都相信在各别的情况中包含着决定性别的原因;我们认为,作出 21 与 20 之比的这个统计规律肯定是决定个别情况的那些规律的结果。同样,可以这样

认为：如果在涉及大量原子的地方存在着统计规则，那一定是因为存在着决定每个原子将如何活动的规律。决定论者可以争辩说：要是没有这种规律的话，那么也就不会有统计定律。

由这一论据所产生的问题同原子并没有特殊的联系，因此，我们在考虑这个问题时，可以将所有复杂的量子力学问题撇开不管。反之，让我们举抛便士这个为大家所熟悉的动作为例吧。我们确信：便士在空中的翻转受力学规律的支配；从严格意义上来说，决定便士落下后是正面朝上还是反面朝上的，并不是“偶然性”。但 158 是，这种计算对我们来说太复杂，以致我们就不知道在任何特定的情况下便士落下后将是正面朝上呢，还是反面朝上。有人说（虽然我从未见过任何确实的实验证据）：假如你把便士抛许许多多次，它落下后正面朝上与反面朝上的次数大致相等。还有人说：这仅仅是极其可能，但不一定。也许你连续抛十次，次次都是正面朝上。如果你抛一千零二十四个十次，其中出现一回连续十次正面朝上这种现象，那是没有什么好奇怪的。但是，当你抛的次数达到更大时，便士连续正面朝上的现象就变得越来越罕见。假如你把便士抛 1 000 000 000 000 000 000 000 000 000 000 次，其中正面朝上连续出现了一百次，那你就是很幸运的了。至少理论就是如此，但是，人生太短，因此不可能用实验来证实它。

在远未发现量子力学以前，统计定律在物理学中已经起很重要的作用了。例如，气体是由以各种速度朝着各个方向作无规则运动的大量分子所组成。分子运动的平均速度高，气体就热；分子运动的平均速度低，气体就冷。当所有的分子都静止不动时，气体 159 的温度是绝对零度。由于分子不断地互相碰撞，致使运动得比平

均速度快的那些分子渐渐慢下来，而使运动得比平均速度慢的那些分子渐渐快起来。那就是两种不同温度的气体碰到一起，热的气体变冷，冷的气体变热，直到它们温度相同为止的原因。但是，这一切仅仅是可能。**有可能**出现这样的情况：在一个本来温度均衡的房间里，所有运动得快的分子聚集到了一边，而所有运动得慢的分子聚集到了另一边；在这种情况下，如果没有外部原因，这个房间的一边就会冷起来，而另一边就会热起来。甚至还有可能出现这样的情况：所有空气都聚集在这个房间的一半，而另一半却成了空的。这种现象比起便士连续一百次正面朝上来，其可能性更小得多，因为分子的数量非常之大；可是，严格地说，这并不是不可能的。

量子力学中新的东西并不是统计定律的出现，而是提出它们是终极的，而不是从那些支配着单个事物的规律中推导出来的。
160 这是一个非常难懂的概念——我认为比其拥护者所认识到的还难懂。人们已经观察到，在原子可以做的各种事情中，它做每一种是有一定比例的。但要是单个原子是没有规律的话，为什么许许多多原子在一起就有这种规则性了呢？人们会猜想，肯定有某个东西，它使这些罕见的变化取决于某组不寻常的情况。我们可以打个比方，这个比方的确相当确切。大家知道游泳池里有一种多级跳台，它们可供跳水者任意选择从任何高度来跳水。如果跳台很高，那么最高的一级只能被特别优秀的跳水者所选中。如果你把一个季度与另一个季度作比较，就会发现选择各级跳台的跳水者的比例相当有规则；假如有好几万亿跳水者的话，可以想象，这种规则性就会更加显著。但如果各个跳水者都没有选择跳台的动机，那就很难发现这种规则性能够存在的原因。看来，为了保持这种正常的比例，某些人**必须**选择高台跳水；但那样的话，就不再是纯粹任意的选择了。

概率论在逻辑和数学上都是令人非常不满意的；我不相信有
任何这样的炼金术，概率论借助于它能够从每一单个事件的纯粹 161
任意性中产生出大量事件的规则性。如果那个便士对它落下后正面朝上还是反面朝上的选择确实是任意的，那么我们有理由说它选择正面朝上的次数和选择反面朝上的次数会大体上是相等的吗？难道任意性就不可能照样总是导致同一种选择？这仅仅是一种设想，因为这个问题太模糊，不可能作出武断的陈述。但如果这种设想是有些道理的话，那我们就不能接受这样的观点：世界的基本规则性同大量的事件有关；而且我们不得不认为：原子活动的统计规律是从至今还未被发现的单个原子活动的规律中派生出来的。

为了从原子的自由活动——假定这是个事实——中得出若干在情理上能被接受的结论，艾丁顿不得不作出一种假设，他承认，这种设想在目前不过纯属假设而已。他想维护人的自由意志，如果这种自由意志想要具有任何重要性的话，它必须具有那种产生大规模躯体运动的能力，而不是产生那些由大规模力学的定律所
引起的运动的能力。我们知道，现在关于原子的各种新理论并未 162
使得大规模力学的定律发生变化；唯一不同的是，它们现在阐述的是种种极大的可能性，而不是肯定性。可以想象，这些可能性是受某种特殊的不稳定性抵制的，由于这种不稳定性，一种很小的力量有可能产生很大的效果。艾丁顿猜测，这种不稳定性可以存在于

有生命的物质之中，尤其是脑髓之中。意志的活动可以使得一个原子作这种选择而不作那种选择，于是就可以打破某种非常容易失掉的均势，从而产生一种大规模的效果，譬如说，谈论某件事而不谈论另件事。无可否认，这种观点在理论上是可能的，但是人们最多也就只能承认这一点。将来也可能会发现一些新的规律，它们将废弃原子自由活动的假设，我认为这是更有可能的事情。而且即使我们假定原子是自由活动的，也没有任何经验证明大规模的人体运动是免于平衡化的过程的，这种过程使传统力学能够应用于可感知其大小的其他物体的运动。因此，艾丁顿把人的自由意志同物理学一致起来的尝试虽然是有趣的，而且（在目前）不是
163 确实可以驳倒的，但我认为，它没有充分的理由要求改变在量子力学兴起以前就已为人们所接受的关于这个问题的各种理论。

就心理学和生理学与自由意志的问题有关方面而言，这两门学科倾向于使自由意志成为不大可能。内分泌的研究、对大脑各个部分的机能的加深了解、巴甫洛夫对条件反射的探究，以及对受压抑的记忆和欲望的种种作用所进行的精神分析学的研究，都有助于发现支配精神现象的因果律。当然，这些研究成果都没有证实自由意志是不可能的，但是它们却使下面这一点成为非常可能：即使无原因的意志果真发生，那也是非常罕见的。

据我看，被认为属于自由意志的那种感情上的重要性，主要是以某些思想上的混乱为基础的。有人想象：如果意志有原因，那他们就会被迫去做他们所不愿做的事情。这当然是错误的；即使愿望本身有原因，它也是行为的原因。我们不可能做我们所不愿做的事情，但是，抱怨这种局限似乎是没有道理的。我们的愿望受到

阻挠，这是不愉快的，但即使我们的愿望是由某种原因引起的，也 164
不会比它们是无原因的更有可能发生这种不愉快。决定论也并不使我们有理由认为我们是无能的。能力在于能够得到预期的效果，它并不因为发现了我们意图的原因而增强或减弱。

同时，自由意志的信徒们在另一个精神领域里总是相信意志是有原因的。例如他们认为，美德可以通过良好的教养来培养；宗教熏陶对修身是非常有用的。他们相信，布道有好处；道义上的劝告可以是有益的。因为很明显，假如善良的意志是无原因的话，那我们就不可能做任何唤起它们的事情。一个人相信自己或任何人能够增进别人的良好行为，那么他也就在同样的程度上相信心理学的因果关系，而不相信自由意志。实际上，我们彼此之间所有的交往都是建立在这样一个假设基础上的，即人们的行为是由先前的情况造成的。假使政治宣传、刑法、撰写书籍鼓吹这种或那种行动方针等等对人们的所作所为没有影响，那么它们都将失去其存
在的理由。拥护自由意志说的那些人并不了解它的含义。我们说 165
“你为什么做这件事？”那是为了想知道引起行动的那些信仰和愿望。要是一个人本人并不知道他为什么要这样做，我们会从他的无意识中探求原因，但是我们绝不会想到他的行动也许是无原因的。

有人说，内省使我们立即意识到自由意志。把这句话作为排斥因果关系的意义来理解，它不过是错误的。我们所知道的是：当我们已经作出一种选择时，我们本来能够作另一种选择，——如果我们当时想那样做的话。但是，仅仅通过内省我们不可能知道我们想做我们已做了的事情究竟有无原因。至于那些非常有理智的

行动，我们可以知道其原因。当我们接受律师、医生或财政家的建议并照此行动时，我们知道这种建议是我们行动的原因。但是一般说来，行动的原因靠内省是发现不了的；如同其他事件的原因一样，要发现它们就得考察它们的前情，并发现某种先后顺序的规律。

166 应当更进一步地说，“意志”这个概念是非常含糊的，它很可能会从科学的心理学中消失。我们的大多数行动之前并没有什么仿佛是意志活动的事情；没有事先的决定就不能做简单的事情，这是一种精神病态。例如，我们可以决定步行到某地去，如果我们认识路的话，在我们到达之前一步一步的行走则是自动进行的。我们认为只有那原先的决定才含有“意志”在内。当我们深思熟虑后作决定时，在我们脑子中存在过两个以上的可能性，每一个都有点吸引人，也许同时每一个有点使人不喜欢；最终，有一个可能性证明是最吸引人的，它压倒了其他的可能性。当一个人力图通过内省来发现意志时，他发觉有一种肌肉紧张感，而且他还往往发现一种决断：“我**决意**做这事。”但拿我来说，我就不可能在自己的身上发现任何我能称之为“意志”的特殊的精神事件。

当然，否认“随意”行为和“非随意”行为之间的区别是荒谬的。心脏的跳动完全是非随意的；呼吸、打哈欠、打喷嚏等是非随意的，但它们（在一定的限度内）能由随意的行为来控制；如散步、谈话之
167 类的躯体运动完全是随意的。与随意行为有关的那种肌肉是和那些控制心脏跳动那类事件的肌肉不同的。随意行为可以为“精神性的”前情所引起。但如“意志”被认为的那样，把这些“精神性的”前情看作是一类特殊的事件，是没有道理的，——或者说，至少我

是这样认为的。

自由意志说一直被认为在道德方面是重要的，既是为了给“罪”下定义，也是为了说明惩罚，特别是神圣的宗教惩罚是正当的。关于问题的这一方面，我们将在后面的一章中论述科学对伦理学的关系时再来讨论。

在本章中我起初辩驳决定论，而后又辩驳自由意志，可能会使人觉得我前后自相矛盾。但其实，这两种学说完全是形而上学的，它们超出了科学所能证实的范围。上面说明过，因果律的研究是科学的精髓，因此科学家应当在纯粹实践的意义上始终把决定论 168
看作是一种通行的假说。但他没有必要去断言，除他确实已经发现因果律的领域之外还有因果律存在；如果他这样做的话，那实在是愚蠢的。但是，如果他决然断言自己知道有个因果律不起作用的领域，那就更愚蠢了。这种断言无论从理论上说还是从实践上说都是愚蠢的：从理论上说，因为我们的知识绝不可能为这种断言提供充分的论据；从实践上说，因为相信某个领域不存在因果律有碍于人们去考察，从而可能使规律得不到发现。在我看来，断言原子的变化不完全是决定论的那些人和以教条主义的态度维护自由意志的那些人，都犯有这种双重愚蠢的错误。面对这两种对立的教条主义，科学应当保持其纯经验性，在没有确凿证据的情况下既不作肯定，也不作否定。

长期的争论，例如决定论与自由意志之间的那种争论，是由两种强烈的，但逻辑上互不相容的激情的冲突引起的。对决定论有利的是，因果律的发现带来了力量；科学尽管与神学偏见有冲突， 169
但它还是为人们接受了，因为它给人以力量。认为自然的进程是

有规则的那种信念还给人以一种安全感；在某种程度上，它能使我们预见将来，并且能使我们避免一些不愉快的事情。从前，疾病和风暴被认为是一些反复无常的恶魔造成的，那时它们要比现在可怕得多。所有这些动机使得人们喜欢决定论。可是，他们在喜欢自己拥有支配自然的力量的同时，却不喜欢自然拥有支配他们的力量。一旦他们不得不相信：在人类存在之前规律已经在起作用了，它们通过一种盲目的必然性不仅产生了一般的男男女女，而且还产生了具有一切个人特性的一个人的自我，说着现在所说的话，做着现在所做的事——一旦不得不这样相信，他们就感到自己丧失了人格、没有出息、无足轻重、是周围环境的奴隶，丝毫也不能改变自然一开始就指定他们去扮演的角色。为了企图摆脱这一窘境，某些人假定人类是自由的，而其余一切领域都是决定论的；其
170 他一些人则使用巧妙的诡辩手法，企图在逻辑上把自由与决定论调和起来。实际上我们没有理由采取上述任何一种做法，但是我们也没有理由认为：真理，无论它是什么样，是把这两者的可取的特点综合起来的那种东西，或者说，在任何程度上是可以按照我们的愿望来确定的。

第七章　神秘主义 171

科学和神学的斗争一直是一种特殊的斗争。在所有时代和所有地方——十八世纪末的法国和苏维埃俄国除外——绝大多数科学家都拥护他们当时的正统观念。其中有些是极其著名的科学家。牛顿虽然是一位阿里乌斯教徒，但他在其他所有方面却是基督教信仰的拥护者。居维叶是一个地地道道的、典型的天主教徒。法拉第是一个桑德曼派信徒，但是就连他都认为那个教派的谬误是科学论据所不能证实的，他对科学和宗教的关系的看法是能够博得每个教士称赞的。斗争是神学与**科学**之间的斗争，而不是与科学家之间的斗争。一般说来，科学家们即使自己的观点遭到谴责，也是尽量避免冲突。我们知道，哥白尼曾把自己的著作奉献给教皇；伽利略退缩了；笛卡儿虽然认为住在荷兰是深谋远虑的，但
他还是竭力同教士们保持良好关系，并且有意保持沉默，得以免于 172
被谴责为具有与伽利略同样的观点。在十九世纪，英国大多数科学家还认为，他们的科学与自由派基督徒认为是本质的那部分基督教义没有根本的冲突——因为牺牲《圣经》里所说的大洪水，甚至亚当和夏娃的字面上的翔实性，过去一直就认为是可行的。

自从哥白尼学说取得胜利到今天，情况始终没有发生很大的变化。连续不断的科学发现使基督徒们一个接着一个地抛弃在中

世纪被认为是基督教义组成部分的那些信条，这种步步退却使得科学家们能够继续成为基督徒，除非他们是在如今已成为斗争焦点的那个有争论的新领域里工作。正如近三百年来曾多次出现的情况那样，现在又有人宣布科学与宗教已经和解：科学家们谦和地承认，有些领域不属于科学的范围；而自由派神学家则承认，他们
173 不会贸然否定科学所能证实的任何事实。当然，也有个别不愿和解的人：以原教旨主义信徒和顽固的天主教神学家为一方；以研究生物化学和动物心理学这类学科的那些较为激进的学者为另一方，他们甚至连比较开通的教士们提出的那些相当和缓的要求都不愿接受。但总的来说，斗争是比以前缓和了。共产主义和法西斯主义那些新教义继承了神学的偏执传统；而主教和教授们也许在无意识的深处，感到彼此对维持现状有共同的兴趣。

目前科学与宗教之间的种种关系是符合英国政府愿望的，其情况只要读《科学与宗教论文集》(*Science and Religion, a Symposium*)这本很有启发性的书便知道了，该书由英国广播公司于 1930 年秋广播的十二篇演讲所组成。当然，英国广播公司没有邀请那些直言反对宗教的人参加，因为(且不提其他理由)他们会使正统观念较强的听众感到不快。其中确实有一篇精彩的演讲，那就是 J. 赫克斯利教授所作的开场白，这篇开场白甚至对最隐蔽的正统派也未给予支持；但它几乎也没有现在会使自由派教
174 士们感到不满的内容。那些敢于发表自己明确的意见并提出支持这些意见的论据的演讲者们，采取了从马林诺夫斯基教授到奥哈拉神甫之间的各种不同立场，前者悲郁地承认内心有一种受压抑的、信仰上帝和永生的渴望，而后者则大胆地断言，启示的真理比

科学的真理更可靠,当这两者发生冲突时启示的真理必然占上风。虽然他们的演讲在细节上各不相同,但给人总的印象是:宗教与科学的斗争已经结束了。结果非常理想。因此,斯特里特教士随后演讲时说:“以上几次演讲值得注意的一点是,它们的总趋势是如何朝着同一个方向发展的……一个思想反复不断地出现,那就是:单靠科学是不够的。”宗教与科学真的是这样一致了呢,还是实际上是控制英国广播公司的当权者们认为是这样一致了,那是可以怀疑的;但是必须承认,尽管论文集的作者们有许多分歧,他们在斯特里特教士所说的那一点上的确好像很一致。

因而,J. 阿瑟·汤姆森爵士说:“作为科学的科学从不问为什 175
么的问题。也就是说,它从不探究 Being(存在)、Becoming(生成)和 Having Been(已存)这种多功能词的意思、意义或用意。”他继续说道:“因此,科学并不自命为是真理的基石。”他告诉我们:“科学不能将它的方法应用于神秘的和精神性的事物。”J. S. 霍尔丹教授认为:“只有在我们自身内,即在我们关于真理、正义、仁爱和美的那些能动的观念,以及由此产生的与他人的友情中,才能觉察到上帝的启示。”马林诺夫斯基博士说:“宗教启示是一种原则上不属于科学范围的经验。”此刻我就不引述神学家们的话了,因为可以预期他们的看法与上述看法是一致的。

在进一步论述之前,让我们设法弄清楚演讲者们作了什么断言,这种断言是正确的还是错误的。当斯特里特教士断言“科学是不够的”时,在一种意义上说他是在说不言而喻的话。科学并不包括艺术、友谊或生活中其他各种有价值的成分。但这句话的含义当然还不止于此。“科学是不够的”这句话还有另一个更为重要的

意义，我认为在这种意义上说这句话也是对的：科学不讲价值，它
176 不能证实“爱比恨好”，或“仁慈比残忍更值得向往”诸如此类的命题。科学能告诉我们许多实现欲望的**方法**，但它却不能断定一个欲望比另一个欲望更为可取。这是一个大问题，我在后面的一章中还将谈到。

但是，我引述过的那些作者无疑是想进一步作出某种断言，而我认为这种断言是错误的。“科学并不自命为是**真理**的基石”（重点号是我加的），这句话意味着还有另一种获得真理的非科学方法。“宗教启示……不属于科学范围”，这句话告诉了我们这种非科学方法是什么。这就是宗教启示的方法。英季教长比较直言不讳地说：“因而宗教的论证是经验性的。”〔他是在谈到神秘主义者的证言时说的。〕“这就是根据上帝借以把自己显现于人类的真、善或爱、美三种属性——它们常常被称为绝对的或永恒的价值——不断加深对上帝的认识。你一定会说，如果仅此而已，宗教完全没
177 有理由同自然科学发生冲突。一个探讨的是事实，另一个探讨的是价值。即使这两者都是真实的，那它们也是互不相干的。这种看法完全不对。我们已看到，科学侵入了伦理学、诗学等等领域。宗教也不得不侵入。”这就是说，宗教不仅应当断言应该是什么，而且还应当断言是什么。英季教长所公然表明的这种看法是暗含在J.阿瑟·汤姆森爵士和马林诺夫斯基博士的话中的。

我们应当承认有一种可以用来支持宗教的，不属于科学范围的，而且可以恰当地被描述为“启示”的认识来源吗？这是一个难以论证的问题，因为那些自以为通过启示已经明了真理的人宣称，他们对这些真理深信不疑，就同我们对感觉对象深信不疑一样。

我们相信那个用我们从未见过的望远镜观察事物的人;那么,他们就问:当他们报道他们认为同样是确实无疑的事情时,我们为什么不应当相信他们呢?

想提出一种能使亲自受到过神秘启示的人满意的论据,也许是徒劳的。但关于我们其他人是否应当接受这一证言,还是有话
可说的。首先,它是无法接受通常验证的。当科学家告诉我们实 178
验的结果时,他也告诉我们这个实验是怎么做的;其他人可以照此重做,而且如果结果得不到证实,就不承认它是正确的;但许多人也许使自己处于同神秘主义者出现幻觉时一样的情境,却未能得到同样的启示。对此有人可以回答说:一个人应当运用相应的感官,望远镜对于闭着眼睛的人来说是没有用的。关于神秘主义者的证言是否可信的辩论几乎可以无限期地延长下去。因为这场辩论是科学的辩论,它应该完全按照对于未确定的实验所进行的那种辩论来进行,所以科学应当保持中立。科学依赖于知觉和推理;它的可信性是由于那些知觉是任何一个观察者都能够验证的。神秘主义者本人可以深信不疑自己确实是**知道**的,并不需要科学的验证;但是,被要求接受其证言的那些人,却要对它进行与应用于自称到过北极的人同样的科学验证。因此,科学不应当对结果预先作出肯定或否定。

有利于神秘主义者的主要论据是他们相互之间的意见一致。 179
英季教长说:“我所知道的事情中,最值得注意的莫过于古代的、中世纪的神秘主义者与现代的、新教的、天主教的,甚至佛教的或伊斯兰教的神秘主义者的看法一致,尽管基督教神秘主义者是最可信赖的。”我不想低估这个论据的说服力,这一点我早在一本名叫

《神秘主义与逻辑》(*Mysticism and Logic*)的书中就已承认过。神秘主义者们对其经验的口头表达能力，差别非常悬殊，但我认为我们可以断定，那些最善于表达的人都坚持：(1)一切分界和独立性都是不真实的，宇宙是个单一的、不可分割的整体；(2)恶是虚幻的，产生这种幻觉的原因是由于错误地认为部分是自足的；(3)时间是不真实的，在完全超脱时间而不是在永久存在的意义上说，现实是永恒的。我并不自称以上是对所有神秘主义者看法一致的问题的全面表述，但是，我所提及的这三个命题可以作为总的代表。现在让我们想象我们自己是某法庭的一个陪审团，其任务是对作出这三个多少有些使人惊奇的断言的那些见证人是否可信作出判断。

180 首先，我们将发现，虽然这些见证人在某一点上看法一致，但一旦超出了那一点他们的看法就完全不一致了，尽管他们还是完全像看法一致时那样的自信。天主教徒会产生圣母马利亚显圣的幻觉，但新教徒却不能；基督教徒和伊斯兰教徒可以拥有天使加百列揭示给他们的伟大真理，但佛教徒则不可能有；中国的道教神秘主义者以他们的主要教义为直接根据，告诉我们说，一切政府都是坏的，而欧洲的和伊斯兰教的大多数神秘主义者却同样自信地主张，要服从合法当局。就他们的分歧点来说，每一派都会声称其他各派是不可相信的；因此，如果我们仅仅满足于法庭上辩论的胜利，我们就会指出：大多数神秘主义者认为其他大多数神秘主义者在大多数问题上是错误的。但是他们可以一致认为，他们意见一致的问题比他们意见分歧的那些问题更加重要，而使我们只能取得一半胜利。总之，我们必须假定：神秘主义者已调停了他们自己

的纠纷，并集中力量来维护这三个论点，即世界的统一性、恶的虚幻性和时间的不真实性。我们作为公正的局外人能够用什么方法 181
来检验他们意见一致的证据呢？

作为具有科学禀性的人，我们首先自然会问：我们是否有办法能够亲自获得第一手同样的证据？对此我们将得到各种各样的回答。有人也许会告诉我们说，我们的心境显然不是虚怀若谷的，我们缺乏那种必要的谦卑；或许又有人会告诉我们说，斋戒和宗教冥想是必要的；或许，要是我们的见证人是印度人或中国人的话，他们会告诉我们说，首先必须做气功。我认为，我们会发现，虽然斋戒也往往是有效的，但实验的证据有助于证实最后一种观点。事实上就有一种叫做“瑜伽”的明确的身体修行方法，进行这种修行是为了产生神秘主义者断言的事实，那些试行过的人们非常有把握地推荐这种修行法。[①] 气功是瑜伽的最基本特征，我们为达到自己的目的可以不去考察其他的特征。

为了知道我们如何能检验瑜伽产生顿悟的断言，让我们人为地简化这个断言。让我们假设：有一些人向我们保证说，我们如果 182
以某种方式呼吸**一段时间**，就会确信时间是不真实的。让我们进一步假设：我们按照他们的秘诀试验了一下，亲自体验到了他们所描绘的那种心境。但是我们的呼吸一经回复到正常的方式，我们就立即不能完全肯定这种幻觉是否可信。我们将如何探讨这个问题呢？

① 关于中国的瑜伽，请看韦利的《道路及其力量》(*The Way and its Power*)一书第117—118页。

首先，说时间是不真实的究竟是什么意思呢？如果我们确实是指我们所说的那种意思，那我们肯定是想表示："这在那前"这类表述只不过是一种毫无意义的噪音，就像"吱喳咯嗜"那种声音一样。如果我们所想象的还不到这种程度，——例如，想象有一种事件间的关系，它把事件排列成与先后关系所排列的一样的次序，但它是一种不同的关系——那么我们将没有作出使我们的观点发生真正变化的任何断言。这只不过是同想象《伊利亚特》不是荷马，而是另外一个也叫荷马的人写的一样。我们不得不认为，根本没有"事件"；必然只有一个巨大的宇宙整体，它包罗一切给人以时间
183 次序假象的真实事物。必然没有与先后事件的那种表面区别相对应的真实物。说我们出生，然后长大，然后死亡，肯定就像说我们死亡，然后长小，最后出生一样的荒唐。看来似乎是个人生命的真实的东西，其实不过是对超时间的、不可分割的宇宙存在物中的、加以虚幻地隔离了的一个组成部分而已。改善与衰落毫无区别；结局愉快的悲伤与结局悲伤的愉快没有什么两样。假如你发现一具插着一把匕首的尸体，此人是死于刀伤呢还是死后有人把匕首插入尸体，是无关紧要的。这样一种观点如果是正确的话，那它不仅取消了科学，而且还使谨慎、希望和努力失去了意义；这种观点与世上的智慧和道德——后者对宗教来说更为重要——是不相容的。

当然，大多数神秘主义者并没有完全接受这些结论，但他们却极力鼓吹那些从中必然得出这些结论的学说。因此，英季教长拒绝接受那种诉诸演化的宗教，因为它过分强调暂时的过程。他说：
184 "不存在什么进化的规律，因而也不存在普遍的进化。"他又说："自

行的、普遍的进化说，即维多利亚女王时代许多人所信奉的那种世俗宗教，苦于处在几乎是唯一能够明确地被证明为不成立的哲学理论的不利境地。”这个问题我将在下一阶段中讨论。我认为，在这个问题上我与这位教长的看法是一致的，在许多方面我对他极为尊重。但他当然没有从他的前提中作出在我看来是理所当然的一切推论。

重要的是，不要用漫画的手法来讽刺神秘主义学说，我认为它有一个智慧的内核。让我们考察一下它是如何企图避免得出似乎从对时间的否定中必然产生的那些极端结论的。

以神秘主义为根据的哲学有着悠久的传统，它从巴门尼德一直流传到黑格尔。巴门尼德说：“存在物是不可能创造，也不可能消灭的，因为它是完整的、不动的和无终结的。它既无过去，也无将来，因为它**是在现在**，一气呵成地是一种连续的东西。”[①]他把实在与现象，或他称之为真理之道与意见之道的区别引入了形而上学。很明显，谁要否定时间的真实性，谁就得提出这种区别，因为
世界**看起来**显然是处于时间之中的。如果日常经验并不**完全**是虚 185
幻的话，现象与其背后的实在之间必然存在某种关系，这也是很明显的。然而，正是在这一点上产生了最大的困难：把现象和实在的关系理解得太密切的话，一切令人厌恶的现象特征在实在中就会有其令人厌恶的对应物；而把这种关系理解得太疏远的话，我们将不能从现象特征中推断出实在特征，实在将仍然是一种含糊不清的不可知物，如同赫伯特·斯宾塞所描述的那样。对基督徒来说，

① 引自伯奈特的《早期希腊哲学》(*Early Greek Philosophy*)，第199页。

还有一种与此有关的避免泛神论的困难:如果世界仅仅是外表的,那么上帝什么也没有创造,而与世界相对应的实在就是上帝的一部分;但如果世界多少还是有点真实的,而且不同于上帝的话,那么我们就抛弃了一切事物的完整性,即神秘主义的基本学说,而且就不得不认为:既然世界是真实的,它所包含的邪恶也就是真实的。这类困难使得正统的基督徒很难接受彻底的神秘主义。例
186 如,伯明翰的大主教就说:"在我看来……任何形式的泛神论都是要不得的,因为人真是上帝的一部分的话,那么人的邪恶也就是上帝的邪恶了。"

我现在一直是在假设我们是一个陪审团,在听取神秘主义者的证词,并试图对他们的证词作出肯定或否定。如果当他们否认感觉世界的真实性时,我们认为他们指的是普通法庭意义上的"真实性",那我们就会毫不犹豫地反驳他们的话,因为我们会发现它与其他所有的证词是矛盾的,而且甚至与他们本人从俗时的证词也是矛盾的。因此,我们应当寻求某种另外的意义。我认为,当神秘主义者把"实在"与"现象"加以对比时,"实在"这个词并无逻辑的意义,而是有一种情感的意义:它是指从某种意义上说来是重要的事情。当神秘主义者说时间是不真实的时,他们应当说:在某种意义上、在某种场合下,把宇宙想象为一个整体是很重要的,因为造物主,假如他存在的话,在决定创造宇宙时必定已经构想出了它。当这样设想时,一切过程都是包含在一个完满的整体内;过去、现在和将来的一切全都存在,在某种意义上说,一起并存;现存的事物并没有根据我们通常对世界的理解认为其具有的那种卓然
187 的真实性。如果这种解释得到公认,那么神秘主义所表达的是一

种情感，而不是一种事实；它并不断言任何事情，因此，科学对它既不能作肯定也不能作否定。神秘主义者确实作出种种断言，这是由于他们不能把情感的重要性与科学的确实性区分开来的缘故。当然不可能指望神秘主义者们会接受这一观点，但就我所知，这是既与科学智力不相矛盾，而又在某种意义上接受了他们的论点的唯一观点。

神秘主义者们的观点具有肯定性和部分一致性绝不是承认他们证词是事实的令人信服的理由。当科学家想让别人目睹他所看到的事物时，他就调好他的显微镜或望远镜；那就是说，他使外部世界发生变化，但只要求观察者有正常的视力。与此不同的是，神秘主义者则要求观察者通过斋戒、气功和止观，使其本身发生变化。（有些神秘主义者反对这种修行法，他们认为神秘的启示是不可能通过人为的方法获得的；从科学的观点看来，这就使得他们的证词比那些信奉瑜伽的人的证词更难验证。但几乎所有的神秘主义者都一致认为，斋戒和禁欲生活是有益的。）我们都知道，鸦片、

大麻、酒精能在观察者身上产生某些效果，但我们认为这些效果并 188
不是美妙的，所以在我们的宇宙理论中就不考虑它们。它们有时甚至能揭示出一些支离破碎的真理；但我们并不认为它们是全面智慧的源泉。看见蛇的醉汉过后并不认为自己有过一种别人看不到的实在的启示，虽然某种并非完全不同的信念一定引起了对酒神巴克斯的崇拜。正如威廉·詹姆斯所说，[1]当代有些人认为，笑气中毒揭示过平时隐藏着的真理。从科学的观点看来，我们不可

---

① 请看他的《宗教经验类型》(*Varieties of Religious Experience*)。

能把禁食因而看见天国的那种人与豪饮因而看见蛇的那种人加以区别。这两种人都是处于一种反常的生理状态，因而他们的知觉也是反常的。正常的知觉因为在生活斗争中必须是有效的，所以与事实必然有某种相符之处；但是，在反常的知觉里肯定不会有这种相符之处，因此它们的证词不可能比正常知觉的证词有价值。

189 这种神秘的情感如果摆脱各种没有根据的信念，并且不至于强烈到使人完全放弃日常生活事务的程度，那就可以产生某种非常有价值的东西，即与由冥想所产生的同样的东西，尽管它表现为一种高级的形式。胸襟之开阔、态度之沉着、思想之深刻，都可起源于这种情感，当浸沉于这种情感时，一切私欲都暂时消失，思想成了一面反映宇宙广阔的镜子。有过这种经验，并认为它必然同关于宇宙本质的断言有关的那些人，当然坚持这些断言。我本人认为，那些断言是无关紧要的，而且不应当相信它们是真的。除科学的方法外，我绝不会承认任何获得真理的方法，但在情感的王国，我不否认那些产生宗教的经验的价值。由于同一些虚妄的信念相联系，这些经验除导致了善之外还导致了许多恶；摆脱了这种联系，那就可以指望只保留善。

第八章　宇宙的目的 190

当代科学家们，只要他们对宗教不是怀有敌意或漠不关心，都坚持这样一种信念，即相信宇宙是有目的的，他们认为，这种信念能在从前教条的残骸中幸存下来。同样地，自由派神学家也把这一点当作他们主要的信条。这种学说有若干形式，但所有的形式都共同具有朝着某种有伦理价值的东西的方向演化这个概念，这个概念在某种意义上说明了整个漫长过程的原因。我们已经知道，J.阿瑟·汤姆森爵士坚持认为科学是不够的，因为它不能回答**为什么**的问题。他认为，宗教能够回答这种问题。恒星为什么形成？太阳为什么产生行星？地球为什么冷却，而且到后来产生了生命？因为最终某种值得赞美的东西要产生——它究竟是什么我不敢说死，但我认为，它是科学的神学家和具有宗教思想的科学家。

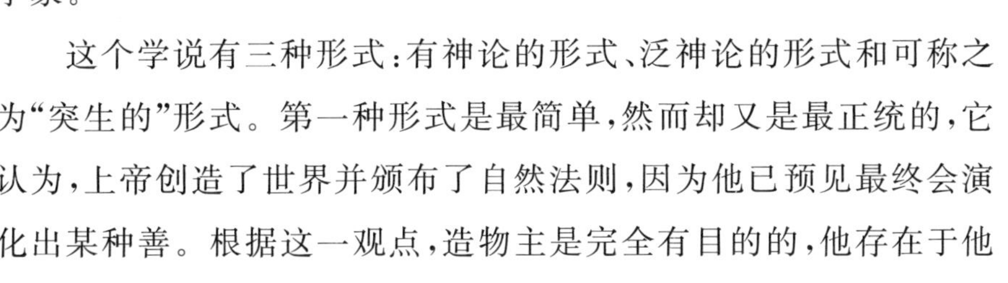

这个学说有三种形式：有神论的形式、泛神论的形式和可称之为“突生的”形式。第一种形式是最简单，然而却又是最正统的，它认为，上帝创造了世界并颁布了自然法则，因为他已预见最终会演化出某种善。根据这一观点，造物主是完全有目的的，他存在于他的创造物之外。 191

在泛神论的形式中，上帝并非存在于宇宙之外，而不过是被当作整体的宇宙而已。因此不可能有一种创造的活动,但是,在宇宙中有一种创造力,这种创造力使宇宙按照它在整个过程中可以说一直是牢记着的那个计划来发展。

在“突生的”形式中,目的则更是不存在的。在较早的阶段里,宇宙中没有任何东西能预见较晚的阶段,但是,一种盲目的推动力却导致那些使各种更发展了的形式得以出现的变化,因此在某种相当含糊的意义上来说,终局寓于开端之中。

在已经提到过的那本由英国广播公司的十二篇演讲所组成的论文集中,对所有这三种形式都作了阐述。伯明翰的大主教拥护
192 有神论的形式,J. S. 霍尔丹教授拥护泛神论的形式,而亚历山大教授则拥护“突生的”形式——尽管柏格森和劳埃德·摩尔根教授也许是最后那种形式的更典型的代表。这些学说如果用其拥护者的话来阐述,也许会更加清楚。

伯明翰的大主教坚持认为“宇宙有一种类似于人的理性精神的合理性”,并且还认为,“这使我们怀疑宇宙的过程是否不受一种精神指导的”。怀疑不久就消除了。很快我们就知道,在这幅巨大的全景画中,显然存在着一种进步,最终创造了文明的人。那种进步是一些盲目力量的结果吗?我认为对这个问题作肯定回答是荒谬的……。其实,从用科学方法获得的现代知识中自然得出的结论是:宇宙是受思想——在意志的指导下朝着一些明确的目标发展的思想——支配的。因此,人的创造并不是电子和质子的诸特性(或者如果你愿意的话也可以叫做时空中的诸不连续性)的一种非常莫名其妙而且完全不可能的结果:它是某种宇宙目的的结果。
193 因而那种目的想要达到的那些目标必然暗含于人的一些特殊的品

质和能力之中。事实上，当人的道德上的和精神上的才能达到最高程度时，它们就显示出使人得以存在的那种宇宙目的的本性。

我们知道，那位大主教是反对泛神论的，因为假如世界是上帝的话，那么世界上的恶就是上帝身上的恶；而且还因为“我们必须认为，上帝并不像他的宇宙那样是在不断完善之中的”。他在坦白承认世界上存在着恶的同时，又说：“我们感到疑惑不解的是怎么会有这么多的恶，而这种疑惑不解却是反对基督教有神论的主要论据。”他抱着令人钦佩的诚实态度，不想证明我们的疑惑不解是没有道理的。

巴恩斯博士的讲话引起了两类问题——同一般的宇宙目的有关的问题，还有特别同宇宙目的之有神论形式有关的问题。前者我将留待稍后再谈，对于后者现在就得说几句话。

目的这个概念是一个应用于人类工匠的自然概念。除了《天方夜谭》中的人物以外，任何一个希望得到一所房子的人都不可能
单凭他的愿望而使房子在他面前平地而起；若要满足他的愿望就 194
得花费时间和付出劳动。但是，全能的上帝却不受这类限制。假如上帝确实认为人类好的话——我认为这似乎是一个不足为信的假设——那他为什么不像《创世记》中所描述的那样，一开始就立即创造人呢？创造鱼龙、恐龙、梁龙、柱牙象等等有啥意思呢？巴恩斯博士本人在某处承认，创造绦虫的目的是不可思议的。狂犬病和恐水病有什么用处呢？说自然法则不仅产生善还必然产生恶，这并不是对问题的回答，因为正是上帝颁布了这些自然法则。起因于罪的那种恶可以解释成是我们自由意志的结果，但人类以

前的世界中的恶的问题依然存在。我不相信巴恩斯博士会接受威廉·吉莱斯皮的下述解释:食肉兽的躯体里栖居着魔鬼,它们在猛兽创造出来之前就已经开始犯罪了;然而又很难看到其他在逻辑上令人满意的回答。这个困难虽然由来已久,但它仍然是现实的。全能的上帝创造了一个世界,包含并非起因于罪的恶,他本身至少有一部分必然是恶的。[①]

195 宇宙目的论的泛神论形式和突生形式较少遭到这种责难。

泛神论的进化说种类繁多,因泛神论的各种牌号而各异;我们现在要考察的是J. S. 霍尔丹教授的那种进化说,这种进化说与黑格尔哲学有关,而且像黑格尔的所有学说一样,是非常难懂的。但是,这种观点在过去的一百多年中曾有过相当大的影响,因此有必要对它进行一番考察。此外,霍尔丹教授以其在多种专门领域里的工作而著称,他通过对许多领域——特别是对生理学的详细研究例证了他的一般哲学,在他看来,这些研究表明:活体科学除了需要化学和物理的法则外还需要其他法则。这一事实有助于证实他的一般世界观。

根据这种哲学,严格地说来,任何一种"死"物或活物都具有某
196 种意识的性质;而且再进一步来说,任何意识在某种程度上都是神圣的。霍尔丹教授虽然没有提到我们在前一章中已经简单地考察过的那种现象与实在的区别,但在他的观点中包含着这种区别;而

① 如英季教长所说:"我们以自己狭隘的道德观念夸大恶的问题,我们惯常把这种狭隘的道德观念强加于造物主。没有证据可以证明那种认为上帝仅仅是有道德的存在物的理论,而我们在此所看到的关于他的法则和操作的情况有力地表明他并非如此。"《直言集》(*Outspoken Essays*)第2辑,第24页。

现在，它像在黑格尔那里一样已经变成一种程度上的，而不是性质上的区别了。死物是最不真实的，活物稍微真实一点，人的意识更为真实，但唯一最真实的则是上帝，即被认为是神圣的宇宙。黑格尔自称在逻辑上证明了这些命题，但我们不想谈论这些命题，因为要论述它们的话得写一部书。不过，我们要引用霍尔丹教授在英国广播公司所作的演讲中的某些话来阐明他的观点。

“我们要想使机械论的解释成为我们人生哲学的唯一基础的话，”他说，“就得彻底抛弃我们传统的宗教信条和许多其他的普通信条。”但他认为幸亏无须按机械论的观点，即用化学和物理学的术语来解释一切，其实这样做也是不可能的，因为生物学需要有机体这一概念。“从物理学的观点看来，生命不过是一种持续的奇迹 197
而已。”“遗传……本身体现了生命的特征，那是始终能保持并繁殖自身的协调的统一体。”“如果我们假定生命并不是大自然所固有的，在生命存在以前必然已经历了一段时间，那么这便是一个无根据的假定，它会使生命的出现变得完全不可理解。”“生物学坚决将最终对于我们经验的机械论的或数学的解释拒之门外这一事实，至少对于我们的宗教观念是非常有意义的。”“有意识的行为与生命的关系类似于生命与机制的那些关系。”“就心理学的解释来说，现在不仅仅是飞逝的瞬间：在这一瞬间里既包含着过去又包含着将来。”像生物学需要有机体这个概念一样，(他认为)心理学也需要个性这一概念；认为人是由一个灵魂加一个躯体所组成，或者认为我们只知道各种感觉，而不知道外部世界，那都是错误的，因为事实上环境并非在我们之外。“空间和时间并未使个性孤立；它们表示个性内的一种序列，所以如康德所认为的那样，空间和时间的

无限性寓于个性之中。”“个性并不互相排斥。在我们经验中很容
198 易看到这样一个基本事实：一种关于真理、正义、善和美的积极的理想总是出现在我们面前，而且对我们是有益的，但不只是对我们个人有益。而且，这是一种共同的理想，尽管它有各个不同的方面。”

从这点出发我们准备再迈进一步，即从单个的个性迈进到上帝。“个性不仅仅是个人的。我们正是根据这一事实承认上帝的存在——上帝不仅作为一个存在物出现在我们之外，而且还作为诸个性中的个性出现在我们之中和我们周围。”“我们只有在我们自身中，即在我们关于真理、正义、善和美的积极的理想以及由此产生的与他人的交谊中，才能发现上帝的启示。”据说：自由和永生属于上帝，而不属于人类个人，个人无论如何都是不太“真实的”。“假如人类全都被消灭了，上帝还将是唯一的实在，因为他本来就是永恒的，而且我们之中的那些真实的东西将继续保留在他的存在之中。”

最终一个令人安慰的见解是：根据上帝是唯一实在必然得出
199 下述结论，即穷人不应当对贫穷表示不满。抓住“转瞬即逝的幻影，譬如无谓的奢侈……”是愚蠢的。“真正的穷人的标准也许要比富人的标准令人满意得多。”据说，对于那些正在挨饿的人来说，想到“唯一最终的实在是我们用上帝的存在来表示的那种精神的或个人的实在”，将是一种安慰。

这种理论引起了许多问题。让我们先从最明确的问题谈起：说生物学不能还原为物理学和化学，或心理学不能还原为生物学，究竟是什么意思呢（如果有某种意思的话）？

关于生物学同化学和物理学的关系，霍尔丹教授的观点与现在大多数专家们的观点不同。在雅克·洛布的《机械论的生命概念》(*The Mechanistic Conception of Life*，1912 年出版)一书中，我们可以看到对相反观点的一种虽非新近，然而却是令人钦佩的陈述，作者在该书的一些极其有趣的章节中列举了各种繁殖实验的结果，而霍尔丹教授则认为，繁殖显然不能用机械的原理来解释。机械论的观点完全可以被认为就是 E. S. 古德里奇先生在新版《大英百科全书》中所阐述的那种观点，他在“演化”这个条目中写道：

“那么，从科学观察者的观点看来，一个活的有机体就是一个 200
自我调节、自我矫正、物理化学的综合机制。根据这一观点，我们称之为‘生命’的那种东西就是其物理化学过程的总和，这些过程组成了一个连续不断、互相依存的，而且不受任何神秘的外力干扰的系列。”

在这段文章中，你绝不可能找到任何关于活物具有某些不能归属于物理和化学的过程的暗示。作者指出活物与死物之间没有明确的界线：“在活物与非活物之间不可能划一条严格的界线。没有特殊的活的化学实体；没有不同于死物的特殊的活的元素；而且也不可能发现有种特殊的活力在起作用。过程中的每一步都是由其前一步所决定，而这一步又决定下一步。”至于生命的起源，“应当假定：在很久以前，当各方面条件变得有利时，形成了各种比较高级的化合物。这些化合物中有许多往往很不稳定，几乎刚一形成就又分解了；其他也许是稳定的，然而只是维持原状。但另外还
有一些化合物，它们也许会像它们分解一样迅速地重整、同化。这 201
种发展着的化合物或混合物，一旦走上这种轨道，就必然会使自己

一直持续下去，而且可能与比它简单的其他化合物化合，或以它们为养料。”这种观点，而不是霍尔丹教授的观点，可以被认为是目前生物学家中流行的观点。大家一致的观点是：活物与死物之间没有明确的界线，但是霍尔丹教授认为，我们称之为死物的东西其实是活的，而大多数生物学家则认为，活物其实是一种物理化学的机制。

生理学与心理学的关系问题则更费解。有两个明确的问题：是否能够认为我们躯体的行为只是由于生理学上的原因？精神现象和同时发生的躯体行动是什么关系呢？能为众人所观察的只是躯体的行为；我们的思想虽然可以被他人所推断，但只能为我们自己所感知。这至少是常识会表明的事情。从理论上严格地说来，我们不可能观察到躯体的行动，而只能观察到它们对于我们所发生的某些效果；他人在同一时刻所观察到的东西也许是相同的，但
202 它们与我们所观察到的东西或多或少总是有所不同。由于种种原因，物理学和心理学之间的距离并不像人们从前所想象的那么大。物理学可以被看作是一门预言在某种情形下我们将看见什么的学问，因而在这个意义上它是心理学的一个分支，因为我们用眼看的行为就是一种“精神”事件。这种观点之所以在现代物理学中具有特殊的地位，那是因为人们只想作出可由经验来检验的那些断言，而且还结合了这样一个事实，即检验总是通过某个人的观察来实现的，因此它是心理学所研讨的一种行为。但所有这一切都属于这两门科学的哲学，而不属于它们的实践；尽管它们研究的题材很相近，但它们的研究方法还是各不相同的。

再回到上段开头的那两个问题：我们在前面一章中已经知道，

要是我们的躯体行为都有生理学上的原因，那我们的精神在因果关系上就变得不重要了。只有通过躯体的活动，我们才能与他人交往，或者说，才能对外部世界有所影响；我们的思想活动只有当它能影响我们的躯体行为时，才有意义。但因为精神的东西与物质的东西的区别仅仅是一种为了方便而定的区别，所以我们躯体 203
的行为可以有完全是属于物理学上的原因，而精神事件可以是它们的原因之一。实际问题并不能用精神和躯体这种字眼来表述。它也许可以表述如下：我们躯体的行为是由物理化学定律决定的吗？如果是的话，那么还有没有一种我们在其中不受人为的物质概念干扰而直接地研究精神事件的独立的心理科学呢？

这两个问题都不可能得到任何有把握的回答，虽然有一个证据可以证明对前一个问题的肯定回答。这个证据并不是直接的；我们不可能像预测木星的运行那样预测一个人的行动。但在人体和最低级的生物之间不可能划一条明确的界线；任何领域都不存在这样一种间隙，它会诱使我们说：在此物理学和化学是不适用的。正如我们已经知道的那样，活物与死物之间也没有明确的界线。因此看来，物理学和化学很可能在任何领域里都是最重要的。

关于一种独立的心理科学的可能性，现在更没有什么可说的。204
精神分析学在某种程度上试图创立这样一门科学，但就其回避生理学上的因果关系而言，这一尝试能否成功至今还很难说。我虽然不敢下定论，但倾向于这样一种观点：最终将会出现一门既包括物理学又包括心理学的科学，不过，它与目前发展程度的这两门学科都不尽相同。物理学的研究方法是在现已不再存在的、相信那种形而上学的“物质”实在的信念的影响下发展起来的，而新的量子力学的研究方法则不同，它避免了形而上学的错误。心理学的研究方法多少是在形而上学的“精神”实在的信念的影响下发展起来的。当物理学和心理学这两门学科完全摆脱了这些迟迟不能克服的错误时，它们两者似乎有可能会发展成一门既不研究精神也不研究物质，而是研究事素的科学，这种事素将既不叫作“精神的”也不叫作“物质的”。同时，心理学的科学地位问题必然还是悬而未决的。

但是，霍尔丹教授在谈到对心理学的看法时，提出了一个比较狭隘的问题，对于这个问题倒有许多比较明确的东西可说。他坚
205 持认为，“个性”是心理学所特有的概念。他没有对这个用语下具体的定义，但我们可以把它理解为是指某种起统一作用的原则，根据这种原则可以把一个人的精神诸要素集合在一块，使它们都相互制约。这是个模糊的概念；它相当于“灵魂”，如果这个概念至今还被认为是站得住脚的话。它与“灵魂”的区别就在于，它不是一个无内容的实体，而是一种整体性。相信个性的那些人认为，约翰·史密斯的精神中的一切都具有一种约翰·史密斯的特性，这种特性使得其他任何人的精神中不可能有任何与此完全相同的东西。如果你想对约翰·史密斯的精神作一科学的阐述，那你就不应当满足于那种可以无区别地适用于一切物片的一般规律；你必须记住，那些有关的事素是发生在那个特定的人身上的，而它们之所以成为现在这种样子，是由于他的整个经历和性格的缘故。

这一观点虽然有某种诱惑力，但我认为，不应当把它看作是正确的。当然，处于同一环境中的两个人，由于他们过去的经历不同，显然会有不同的反应，但是，对于一块经过磁化，另一块没有经

过磁化的两块铁来说，情况也是如此。有人认为，记忆是铭刻在脑 206
髓上的，它们通过一种身体结构的差别来影响行为。类似的见解也可以适用于性格。譬如说，一个人性格暴躁，而另一个人性格安稳，这种差别通常可以归因于内分泌组织，而且在大多数情况下通过服用适当的药物就能消除。认为个性是神秘的、不能改变的那种信条是没有科学根据的，它之所以得到人们的公认，主要是由于它迎合了我们人类的自尊心。

再来谈谈这两句话："就心理学的解释来说，现在不仅仅是飞逝的瞬间：在这一瞬间里既包含着过去又包含着将来"；和"空间和时间并不使个性孤立：它们表示个性内的一种序列"。关于过去和将来，我认为，霍尔丹教授心目中所指的就是像我们刚看到闪电，而期待着雷鸣时的那种情况。可以说，过去的闪电和将来的雷鸣都进入了我们当时的精神状态中。但是，用比喻的方法来说明这一观点必然是不确切的。对闪电的回忆并非闪电，而对雷鸣的期
待也并非雷鸣。我不仅认为回忆和期待是没有物理效果的，而且 207
还考虑到主观经验的现实性质：看见是一回事，回忆则是另一回事；听见是一回事，期待则是另一回事。现在同过去和将来的关系，在心理学里和在其他领域里一样，是因果关系，而不是相互渗透的关系。（当然，我的意思并不是说，我的期待引起了雷鸣，而是说，闪电之后接着雷鸣的过去经验，加上现在的闪电，引起了对雷鸣的期待。）记忆并未使过去延长其存在，它只不过是过去产生效果的一种方式而已。

关于空间，情况虽然相似，但更加复杂。有两种空间：一种是一个人的个人经验所占据的空间；另一种是物理空间，这种空间容

纳有他人的躯体、椅子和桌子、太阳、月亮、星星等等，这些东西不仅为我们个人的感觉所反映，而且我们还假定它们是独自存在的。这第二种空间是假定的空间，任何一个愿意假定世界上除了他自己的经验外什么也不存在的人，可以完全合乎逻辑地否认这种空
208 间。霍尔丹教授不愿意这么说，因此他只得承认这种包含除他自己的经验之外的其他事物的空间。至于那种主观的空间，有包含我所有的视觉经验的视觉空间，有触觉空间，有威廉·詹姆斯所指出的那种胃痛感的广延性，等等。当把我看作是万物之中的一物时，所有各种主观的空间就皆备于我。我所看见的星空不是天文学上所说的那种遥远的星空，而是星星作用于我的结果；我所看见的东西是在我之内，而不是在我之外。天文学上的星星是在物理空间之中，这种空间是在我之外，但我只是借助于推论，而不是通过对我自己经验的分析，体察到这种空间。霍尔丹教授所说的"空间表示个性中的一种序列"这句话适用于我的个人空间，而不适用于物理空间；他与此同时所说的"空间并不使个性孤立"这句话，只有在物理空间也在我之内的情况下，才是正确的。这一含混一旦澄清，他的立论就站不住脚了。

霍尔丹教授像所有黑格尔的信徒一样，急于想证明：没有一个事物真正是与其他任何一个事物相分离的。现在，他已经证
209 明——如果有人能接受他的论点的话——每个人的过去和将来都与他的现在共存；我们全都生活于其中的这个空间也是在我们每个人之内。然而他还要进一步论证"个性并不互相排斥"这一命题。似乎一个人的个性是由他的理想所构成，而我们的理想似乎都几乎相同。我要再次引述他的话："一种关于真理、正义、善和美

的积极的理想总是出现在我们面前……。而且，这是一种共同的理想，尽管它有各个不同的方面。正是这些共同的理想，以及由此产生的交谊，体现了上帝的启示。”

我必须承认，这种话使我瞠目结舌，我简直不知道从何讲起。要是霍尔丹教授说“一种关于真理、正义、善和美的积极的理想”总是出现在他的面前，那我并不怀疑；我相信情况必然如此，因为他就是这么断言的。但要是他认为一般人都具有这种非凡的才能，那我认为，像他一样我也完全有权发表自己的见解。至于我，我认为谎言、不公正、恶和丑不但在事实上，而且还作为理想被人所追求。难道他真的认为希特勒和爱因斯坦有“一种共同的理想，尽管它有各个不同的方面”？我认为，恐怕他们两人都会说这种话是对 210
他们的诽谤。当然，有人可以这样解释说，他们两人当中有一个是坏蛋，他并不是真正在追求他内心所信仰的理想。但我认为，这种解释似乎太随意了。希特勒的理想主要来自尼采，而我们有充分的证据可以证明尼采是非常真诚的。除非把这个问题辩论清楚——不是用黑格尔的辩证法，而是用其他的方法——否则我不明白我们怎样才能知道体现这种理想的上帝是耶和华还是奥丁。

至于那种认为永享天福将是对穷人的一种安慰的观点，它一直为富人所信奉，但穷人则渐渐地对它厌烦起来了。在今天，把上帝的意图与保护经济上的不公正联系起来，看来恐怕是不明智的。

泛神论的宇宙目的论同有神论的宇宙目的论一样，在解释时间上的进化的必然性时，虽然情况有所不同，但也遇到了困难。如果时间最终是不真实的话——几乎所有的泛神论者都是这么认为的——那么，世界史上最好的东西为什么出现在晚期，而不出现在

211 早期呢？把顺序颠倒一下难道不行吗？如果认为事件有日期的那种想法是种幻觉，而上帝是没有这种幻觉的，那他为什么要把那些愉快的事件安排在最后，而把那些令人扫兴的事件安排在开始呢？我与英季教长的看法一样，认为这种问题是无法回答的。

我们接下去要考察的是“突生”论，这种理论避免了这一困难，它强调时间的真实性。不过我们将发现，它遇到了另一些至少是同样大的困难。

在我引用过的那本英国广播公司演讲论文集中，“突生”观的唯一代表人物是亚历山大教授。他先从死物、活物和精神是相继出现的谈起，接着就说：

“既然劳埃德·摩尔根先生提出了，或再次提出了这种思想和这个术语，那么这种发展我们就称之为突生。生命产生于物质；精神产生于生命。有生命的存在物也是一种物质的存在物，但它是一种已被构造得能显示出生命这一新性质的物质存在物……。而从生命到精神的过渡也可以说是同样的情况。‘有精神的’存在物也是一种有生命的存在物，但它经历了一个非常复杂的发展过程，
212 它的某些部分，尤其是它的神经系统的构造如此精巧，以致能承载精神——或者说意识，如果你愿意使用这个词的话。”

接着他又说道，认为这一过程发展到精神就会停止是没有道理的。相反，它“暗示着还有一种比精神更高级的性质，那种性质与精神有关，就像精神与生命，或生命与物质有关一样。那种性质我称之为神性，而具有这种神性的存在物就是上帝。因此，在我看来，似乎一切都倾向于表明这一性质的出现，而那就是我提出下述见解的原因，即：当科学涉及较广的天地时，它本身就需要神性的

帮助”。他说，世界“正在努力向着神性靠拢，或者说正在趋向于神性”，但是“在世界存在的现阶段，神性还没有显示出它特有的本性”。他又说，他认为，上帝“并不像历史上各种宗教中所说的那样是一个造物主，而是被创造出来的”。

亚历山大教授的观点同柏格森的“创造性进化”的那些观点很相近。柏格森认为，决定论是错误的，因为在进化的过程中出现各种真正新的事物，它们是不可能事先预见的，或者说，甚至是不可能预先想象的。有一股神秘的力量促使每个事物进化。例如，一
个看不见东西的动物具有某种神奇的视觉预兆，并以导致出现眼 213
睛的那种方式进行活动。每时每刻都有某种新的事物出现，但过去绝不会消亡，它被保存在记忆中——因为遗忘仅仅是表面的。因此，世界的内容是在不断地丰富，世界总有一天会成为一种非常美好的处所。关键的一点是要避免理智，因为它向后看，而且是静止的；我们应当使用的是直觉，因为它本身就包含着对创造性的新事物的冲动。

柏格森只是偶尔提出些使人联想起拉马克的那种拙劣的生物学的论点，我们不应当认为他举出了相信这一切的理由。柏格森应当被看作是个诗人，他根据他自己的原则避而不谈一切也许只是诉之于理智的事物。

我的意思并不是说亚历山大教授全盘地接受了柏格森的哲学，而是说，虽然他们独自提出自己的观点，但他们的观点有相似之处。不管怎么说，在强调时间和相信进化的过程中出现各种无法预言的新事物方面，他们的理论是一致的。

各种各样的困难使得突生进化的哲学不能令人满意。其中最

主要的困难也许是下述这一点：为了避免决定论，预言被说成是不
214 可能的，但这种理论的拥护者们却预言将来上帝的存在。他们简直就像柏格森所说的贝类动物一样，这种动物虽然不知道看是怎么回事，但却想看。亚历山大教授认为，我们在某些经验中对“神性”有一种模糊的认识，他把这种经验描述成是“越自然的”。他说，作为这种经验的表征的那种情感就是“神秘感，即对某种或许使我们感到恐怖，或许在我们无能为力时给我们以支持的东西的感觉，但是，这种东西绝不同于我们通过感觉或思考所能知悉的任何东西”。他没有举出推崇这种情感或支持下述见解的理由，即认为，像他的理论所需要的那样，精神的发展使得这种情感成了生活中的一个比较重大的要素。在人类学家看来，也许正好相反。神秘感，即对一种和善或敌对的、非人类的力量的感觉，在野蛮人的生活中所起的作用要比在文明人的生活中所起的作用大得多。的确，如果宗教可以被认为就是这种情感的话，已知的人类发展中的每一步都势必使宗教减弱。这与假定的、赞成突生神性的进化论据几乎是格格不入的。

总之，这个论据是很难使人信服的。它极力主张，进化已经历
215 了三个阶段：物质、生命和精神。我们没有理由假定世界的进化业已完成，因此，在以后某个时期可能会有第四个阶段——而且人们会认为还有第五个、第六个阶段等等。但不，进化到了第四个阶段就应当完成。尽管，物质未能预见到生命，生命未能预见到精神，但精神却能隐隐约约地预见到下一个阶段，尤其是巴布亚人或布须曼人的精神。显然，这一切完全是一派猜测之辞。它也许碰巧是真的，但作这样的假定是没有合理的根据的。突生哲学说将来

是不可能预言的，这完全正确，但是它说完这话后却又马上对将来进行预言。人们宁愿放弃迄今为止上帝一词所代表的观念，也不愿意放弃“上帝”这个词。当突生进化论者相信上帝并未创造世界后，他们就愿意说世界正在创造上帝。但是，除了名称以外，这种上帝与传统的崇拜对象几乎毫无共同之处。

至于一般的宇宙目的，无论它是哪种形式，可以作两种评论。
第一，相信宇宙是有目的的那些人总是认为，世界将继续朝着与以 216
往相同的方向进化；第二，他们认为，已经发生的事情乃是宇宙有善良意愿的证据。这两个命题都是值得怀疑的。

关于进化的方向，论据主要是从有生命以来在这个地球上所发生的事情中推导出来的。既然这个地球是宇宙的一个很小的角落，那就有理由认为它不能代表宇宙的其余部分。詹姆斯·秦斯爵士认为，现在其他地方是否也有生命这是很值得怀疑的。在哥白尼革命以前，认为上帝的目的专门同地球有关，那是很自然的，但现在这已成了一种站不住脚的假说。假如衍生出精神是宇宙的目的的话，那么我们必然会认为它的效力相当低，因为在这样长的时间里它只产生了这么一点精神。当然，以后在其他某个地方可能会有更多的精神，但关于这一点我们没有任何科学的证据。生命竟然是偶然发生的，这看来也许很奇怪，但是在这样大的一个宇宙里偶然的事情总是会发生的。

即使我们接受这种相当怪诞的观点，认为宇宙的且的专门同 217
我们这个小小的行星有关，我们也还是有理由怀疑它的意愿是否真的是像神学家们所说的那样。地球可能在一段相当长的时间内仍然是适宜于居住的，（除非我们用大量的毒气来毁灭所有的生

命)但不可能永远如此。也许我们地球上的大气将渐渐扩散，飞入太空；也许潮汐将使地球总是以同一面对着太阳旋转，以致这半球非常热，而另一半球非常冷；也许(像J.S.霍尔丹在一本道德小说中所描写的那样)月亮将与地球相撞。如果这些事情都没有先发生，那么当太阳爆炸，并变成一颗冰冷的白矮星时，我们无论如何都将被毁灭，秦斯告诉我们，这大约是在一万亿年以后，虽然发生这一事件的准确日期还不能完全确定。

由于离太阳爆炸还有一万亿年，因此我们有时间为对付这一结局作准备，我们可以希望在此期间天文学和射击学都将取得相当大的进步。天文学家们也许会发现另一颗带有若干适宜于居住的行星的恒星，而发射手们也许能以接近光速的速度把我们发射
218 到那上面去，在这种情况下，要是出发时乘客们都很年轻，那么某些人就有可能在老死以前到达。这也许是个渺茫的希望，但让我们去尽量争取吧！

然而，即使我们能够以最精湛的科学技术在宇宙中游弋，那也不可能使生命永远延续。热力学第二定律告诉我们：总的说来，能量总是在从较浓集的形态转变成不太浓集的形态；最终它将完全变成一种不可能再发生变化的形态。那种情况一旦发生后，生命就必然终止，如果说不是在那种情况发生以前的话。我们再次引述秦斯的话："对于宇宙来说就同对于人类来说一样，唯一可能的生命是向着坟墓前进的。"这就使他得出某些与我们的题目有密切关系的看法：

"自从乔尔丹诺·布鲁诺因相信有许多类似于地球的天体存在而殉难后的三百年间，我们的宇宙观几乎发生了难以形容的变

化，但这并没有使我们明显地更接近于理解生命与宇宙的关系。关于这一生命——显然它是非常稀罕的——的意义，我们依然只能猜测。它便是最终的顶点吗？——宇宙万物都朝之运动，数万亿年来在没有生物居住的星与星云上的物质的变化以及在荒凉的 219
空间里的辐射的浪费，都只是为之作令人难以置信的巨大准备吗？或者，它只是自然诸过程——它们另有更加伟大的目的——的一种偶然的、也许是很不重要的副产物吗？或者，以一种更加谦虚的思想方法来考虑问题，我们是不是必须把它看作是某种类似疾病的东西，这种疾病侵袭那丧失了高温和产生高频辐射的能力的衰老物质，如果是更年轻、更富有生机的物质，就会立即以这种高频辐射摧毁生命？或者，我们是不是抛弃谨慎的态度，大胆设想它是那唯一的实在，这一实在创造了巨大的星群和星云，创造了长得几乎不可思议的天文学时间，而不是这些东西创造了它？”

我认为，以上公正无偏地陈述了科学所提出的各种可供选择的推测。最后那种可能性——即，精神是唯一的实在，天文学上的各种空间和时间都是由它创造的——在逻辑上是有很多话可以说的推测。但是那些想避免得出各种令人沮丧的结论而采纳这种可 220
能性的人，并不完全明了它所包含的结论。我直接知道的一切都是我的“精神”的一部分，而我借以作出其他事物存在的推论则绝不是结论性的。因此，除了我的精神以外也许什么也不存在。假如那样的话，我一死，宇宙也将消失。但是，如果我要承认除我自己以外还有其他精神的话，那我就得承认整个天文学的宇宙，因为在这两方面证据是同样有力的。因此，秦斯的最后一种推测并不是那种令人安慰的理论，即认为：虽然其他人的躯体不存在，但他

们的精神却是存在的；它是这样一种理论，即认为：在空然无物的宇宙中唯有我自己，我凭自己丰富的想象力生造出人类、地球的地质年代、太阳、星星和星云。就我所知，没有一个有充分根据的、符合逻辑的论据反对这一理论；然而反对其他任何形式关于精神是唯一的实在这一学说的，却有这样一个事实：我们关于其他人的精神的证据是根据我们关于他们的躯体的证据推论出来的。因此，其他的人如果有精神的话，那也就有躯体；单独的自我也许是一种脱离躯体的精神，但是，只有在单独的自我存在的情况下，它才可能是如此。

221 现在我要讲的是我们关于宇宙目的的讨论中的最后一个问题，即：迄今所发生的事情乃是宇宙有善良意愿的证据吗？我们已知道，相信这种观点的所谓根据就是宇宙创造了**我们**。对于这一点我无可否认。但我们真是如此显赫，以致表明这样长的一个序幕完全是有道理的吗？哲学家们注重价值：他们说，我们认为某些东西是善的；既然这些东西是善的，那么我们这样认为，我们必定也是非常善的。但这是一种循环论证。一个具有其他价值的存在物也许会认为我们的价值是如此的凶残，以致可以证明我们是受了撒旦的怂恿。人类举镜自鉴，认为自己的形象如此卓越，可以证明宇宙的目的必然始终是以人为目标，这种情形不是有点荒唐吗？总之，为什么要如此颂扬人类呢？狮子和老虎怎么样？它们毁灭动物和人的生命比我们少，而且长得也比我们漂亮得多。蚂蚁怎么样？它们对“国家”的管理比任何一个法西斯分子都强得多。难道夜莺、云雀和鹿的世界不比我们这个充满了残忍、不公道和战争
222 的人类世界更好吗？宇宙目的的信奉者赞誉我们那种被假定的智

力，但他们的作品却使人对此产生怀疑。假若是我被授予了无限的权力，并且给予了千百万年做实验的时间，那我就会认为，人类作为我全部心血的最终结果是没有什么可值得大肆夸奖的。

人类，作为在一潭死水中冒出来的一个奇怪的偶然事件，是可以理解的：其美德和恶习的混合物作为由于一种偶然的原因而造成的东西，正是可想而知，只能如此。但是，只有持那种极端自负的态度，才会在人类的身上看到一种理性，这种理性竟会被全能的上帝认为足以构成造物主的动机。哥白尼革命，直到它把人们教得比那些认为人类就是宇宙目的的充分证据的人更谦虚时，才算完成。

223 第九章　科学与伦理学

我们在前两章中已经看到，坚持认为科学是不够的那些人诉诸这样一个事实：科学不讲“价值”。这我承认；但如果推断说，伦理学所包含的真理是科学无法证实也无法反驳的，那我不同意。总之，这是一个不易搞清楚的问题，而我自己对这个问题的看法与三十年前也大不相同。但是，如果我们要评断诸如支持宇宙目的的那种论据，那就必须弄清楚这个问题。因为在伦理学的领域里是没有任何一致的意见的，所以应当明白，以下是我个人的看法，并非科学的定论。

按传统说法，伦理学的研究包括两部分：一部分研究道德的准则，另一部分研究善本身是什么。行为的准则有许多起源于宗教
224 仪式，它们在野蛮人和原始人的生活中起着重大的作用。禁止吃首领的食物，或用母羊的奶煮其子羊；奉命向诸神献祭，在某个发展阶段，人被认为是最佳的祭品。另一些道德准则，例如禁止杀人和偷盗，具有更显著的社会效用，因此虽然最初与之相关的那些原始神学体系衰亡了，它们却保留了下来。但随着人们越来越变得善于反省，出现了一种越来越注重精神状态，而不注重准则的倾向。这一倾向有两个源泉——哲学和神秘的宗教。我们都很熟悉预言书和福音书中的一些段落，在那里心灵的纯洁被认为比一丝

不苟地遵守法律更加高尚；圣保罗的那段著名的对于仁慈或爱的赞词，宣扬的也是同一个原则。所有伟大的神秘主义者，无论是基督徒还是非基督徒，都有一个共同点：他们所看重的是精神状态，他们认为正确的行为必然是由此产生的；在他们看来，准则是外在的，不能完全适应各种情况。

用来避免诉诸行为的外在准则的方法之一，就是相信“良心”，
这在新教伦理学中尤其重要。一直认为，上帝会向每个人的心揭 225
示什么是对的，什么是错的，因此，我们只有倾听这种内心的声音，
才能避免犯罪。然而这种理论有两个困难：第一，良心对不同的人
诉说不同的事情；第二，通过对无意识的研究我们懂得了良心感情
有各种世俗的原因。

关于良心诉说的各种不同的事情：乔治三世的良心告诉他不
应当同意旧教徒的解放，因为同意的话，他就会违背自己的加冕宣
誓而犯伪誓罪，但后来的一些君主却没有这种顾虑。良心引导某
些人谴责共产党人所鼓吹的那种穷人对富人的剥夺；而它又引导
另一些人谴责资本家所实行的那种富人对穷人的剥削。良心告诉
一个人，当他的国家受到侵略时他应当保卫自己的国家；而它却又
告诉另一个人，一切参与战争的行为都是邪恶的。大战期间，当
局——他们当中几乎没有一个人研究过伦理学——觉得良心这个
东西很难捉摸，因而作出某些奇怪的推断，例如：一个人对于亲自
去打仗可能会在良心上有顾虑，但对于在地里干活，使另一个人有 226
可能应征，在良心上却是毫无顾忌。他们还认为，尽管良心也许是
反对所有战争的，但它如果不是站在那种极端的立场，就不会反对
当时正在进行着的那场战争。那些认为打仗就是错误的人，不论

他们持何理由，不得不借助于“良心”这个多少有点原始而且不科学的概念，来阐述他们的立场。

如果了解了良心的起源，良心诉说的这种多样性就是可想而知的事情了。在幼年的时候，某几种行为得到赞同，另几种行为遭到反对；通过正常的联想过程，愉快和不安便逐渐地依附在这些行为上，而不仅仅是依附在由它们分别引起的赞同和反对上。随着时间的推移，我们可能忘记关于自己早年所受的那种道德训练的一切，但我们仍将对某几种行为感到不安，而另几种行为将给予我们一种美德的喜悦。对于内省来说，这些感情是神秘的，因为我们已不再记得最初引起它们的那种情形，因此，把它们归因于心中那
227 种上帝的声音是很自然的。但事实上，良心是一种教育的产物，而且就绝大多数的人来说，良心能够被训练得按照教育者们的意图去赞同或反对某些事物。因此，虽然希望把伦理学从外在的道德准则中解放出来是对的，但借助于“良心”这个概念几乎是不可能令人满意地达到这一点的。

哲学家们通过一条不同的途径得出了一种不同的、其中行为的道德准则也是处于次要地位的看法。他们构想出了善这个概念，他们讲善，(粗略地说来)指的是我们希望看到其本身存在着而不论其后果的那种东西——或者，假如他们是有神论者的话，指的是上帝所喜欢的那种东西。大多数人都会一致认为，幸福比不幸更可取，友好比敌对更可取，等等。按照这一观点，如果道德准则对于本身就是善的那种东西的存在有促进作用的话，那它们被证明是正当的，而否则就不然。禁止杀人，在大多数情况下能被它的效果证明是正当的，而把寡妇们置于她们丈夫的火葬柴堆上烧死

的习俗却不能。因此，前一个准则应该保留，而后一个准则不应该保留。然而，就是最好的道德准则也会有**某些**例外，因为没有哪种行为**总是**产生坏的结果。因而，我们说一个行为在伦理学上也许 228 是值得称赞的，有三种不同的意思：(1)它也许符合公认的道德准则；(2)它也许是真心实意地想要产生好的效果；(3)它也许在事实上产生好的效果。不过第三种意思普遍被认为在道德上是不能承认的。根据正统的神学，犹大·伊斯凯吕奥脱的背叛行为曾产生过好的后果，因为它对于耶稣的赎罪来说是必不可少的；可是它并不由于这个原因而值得称赞。

各种不同的哲学家形成了各种不同的善的概念。某些哲学家认为善存在于上帝的认识与爱之中；有些哲学家认为善存在于博爱之中；有些哲学家认为善存在于美的享受之中；另外还有一些哲学家认为善存在于快乐之中。一旦善的定义被确定后，伦理学的其余部分也就随之被确定了：我们应当按照我们认为最有希望尽可能多地创造善和尽可能少地创造与之相关的恶的那种方式来行动。只要那个终极的善被假定为是已知的，制定道德准则就是科学的事情了。例如：究竟偷盗应当判死刑呢，还是只有杀人才应判死刑，还是什么都不应当判死刑？杰里米·边沁认为快乐就是善，他曾致力于研究怎样的刑法能在最大程度上促进快乐，结论是：这 229 种刑法应当比他那时所盛行的那种刑法要宽大得多。除了快乐便是善这个命题外，所有这一切都在科学的范围之内。

但是当我们试图弄明确，我们说这个或者那个是“善”究竟是什么意思时，我们发现自己陷入了极大的困境。边沁的那个快乐便是善的信条激起了强烈的反对，并被说成是猪的哲学。他和他

的论敌都未能提出任何论据。对于一个科学的问题来说，双方都可以提出证据，而最终人们看到有一方比较有道理——或者，倘若没有出现这种情况，那这个问题还是没有解决。但对于这个还是那个是终极的善这个问题来说，任何一方都没有证据；每个争论者只能诉诸他自己的感情，而且只能采用那种会引起他人同样感情的修辞手法。

例如，拿现实政治中一个已经渐渐变得很重要的问题来说。边沁认为，假如双方量相等的话，一个人的快乐与另一个人的快乐
230 具有同样的伦理重要性；因此他就提倡民主。与此相反，尼采却认为，只有伟人才能被看作其本身便是重要的，而大多数人只是他谋求福利的手段。他像许多人看待动物那样看待普通人：他认为利用他们为超人的利益服务，而不是为他们自身的利益服务是正当的，从此以后这一观点就被用来为抛弃民主作辩护。在这里，我们遇到了一个实际上很重要的明显分歧，但我们确实没有一种科学的或者理智的方法使任何一方相信他方是正确的。诚然，有一些方法能使人们改变对这类问题的看法，但它们都是感情上的，而不是理智上的。

宗教的捍卫者们断定，关于“价值”的问题——也就是说，关于善或恶本身，不论其效果怎样，是什么的问题——是在科学的范围以外。我认为在这一点上他们说的是对的，不过我还进一步得出他们所没有得出的结论，即关于“价值”的问题完全是在知识的范围以外。那就是说，当我们断言这个或那个具有“价值”时，我们是
231 在表达我们自己的感情，而不是在表达一个即使我们个人的感情各不相同但却仍然是可靠的事实。为了弄清楚这一点，我们应当

好好分析一下善这个概念。

首先，整个善恶观念显然与欲望有某种联系。初看起来，我们全都想望的东西就是“善的”，而我们全都害怕的东西就是“恶的”。如果我们的欲望全都一致，那事情就好办了，但不幸的是我们的欲望是互相冲突的。如果我说：“我想要的东西是善的”，那我的邻居就会说：“不对，我想要的东西才是善的”。伦理学就是避免这种主观性的一个尝试——虽然我并不认为它是一个成功的尝试。在与我邻居的争论中，我当然会极力表明，我的欲望具有某种使我的欲望比他的欲望更值得重视的性质。假如我要维护通行权，我将诉诸当地没有土地的居民；而他那方面，他将诉诸当地的土地所有者。我会说：“乡下的美景如果没有人来看，那它有什么用呢？”他就会反驳：“如果允许旅行者到处践踏，那还有什么美景呢？”每个人都力图表明他自己的欲望和其他人的欲望是一致的，以便罗致同盟。一个人如果像窃贼那样，显然不可能做到这一点的话，那他 232
就会受到舆论的谴责，在伦理上处于罪人的地位。

因此伦理学与政治密切相关：它是使一个集团的集体欲望对个人产生影响的一个尝试；或者反过来，它是一个人使自己的欲望成为他的集团的集体欲望的一个尝试。当然，只有在他的欲望不是过分明显地与普遍利益相对立时，这后一种情况才有可能：窃贼几乎不会企图使人们相信他是在为他们做好事，尽管富豪们有类似的企图，而且常常获得成功。当我们的欲望是追求那些大家都能共同享受的东西时，希望其他人会赞同我们的欲望似乎并不是没有道理的；因此，重视真善美的哲学家认为，他不仅是在表达他自己的欲望，而且是在指出通向全人类幸福的道路。和窃

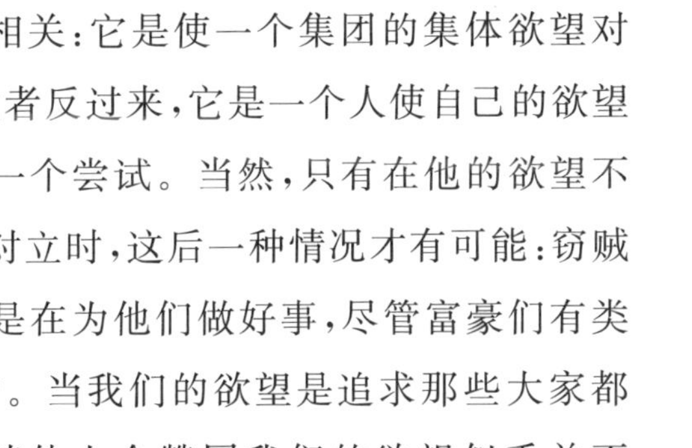

贼不同，他能相信，他的欲望是追求某种在非个人的意义上有价值的东西。

伦理学是使我们的某些欲望不仅具有个人的，而且具有普遍的重要性的一个尝试。我之所以说我们的“某些”欲望，那是因为我们的有些欲望显然不可能具有这种普遍的重要性，比如我们已
233 经说过的窃贼的欲望。靠某种秘密情报在证券交易所里赚钱的人，并不希望其他人也同样消息灵通：真理（就他看重它而言）对他来说是一种私有物，而不是哲学家所认为的那种人类的共同财富。诚然，哲学家有时也会降低到证券交易者的水平，譬如当他要求一种发现的优先权时。不过，这是一个小错误：他只是想以纯粹哲学家的身份享受一下冥想真理的乐趣而已，他在这样做时绝不干涉其他也愿意同样做的人。

使我们的欲望似乎具有普遍的重要性——这是伦理学的任务——可以从两种观点出发去论证：立法者的观点和宣传者的观点。让我们先来谈谈立法者。

为了论证起见，我要假定，立法者本人是无私的。那就是说，他一旦认识到他的一个欲望只是同他自己的幸福有关，在制定法律时就不受它的影响；例如，他所制定的法典并不是为了增加他个人的财产。不过他有另外一些他认为是非个人的欲望。他也许赞
234 成建立一种从国王到农夫，或从矿主到苦力的等级制度。他也许认为女人应该服从男人。他也许认为在下层社会中传播知识是危险的，等等。到时候如果可能的话，他将制定他的法典，以便使促进他所重视的那些结果的行为尽可能地同个人的私利一致起来；而且他将建立一个道德教育体系，这个体系如果成功的话，当人们

追求他的目的之外的其他目的时，它就会使他们感到邪恶。[①] 这样，“美德”将事实上，而不是根据主观的估计，有助于实现立法者的欲望，只要他自己认为这些欲望是值得普及的。

宣传者的立场和方法必然与立法者有所不同，因为他没有控制国家机器，所以不可能在他的欲望和其他人的欲望之间建立一 235
种人为的和谐。他唯一的方法是设法在其他人的身上唤起那些与他自己所感到的同样的欲望，为了这个目的，他必须诉诸感情。例如，罗斯金不是靠论证，而是靠有韵律的散文的那种感人的效果，使人们喜欢哥特式的建筑。《汤姆叔叔的小屋》(*Uncle Tom's Cabin*)这本书通过使人们把自己想象成是个奴隶，促使他们认为奴隶制是种罪恶。任何想使人们相信某个事物不仅就其效果，而且就其本身来说就是善的(或恶的)的尝试，都取决于那种唤起感情的艺术，而不取决于诉诸证据。总之，宣传者的技巧就在于在其他人的身上创造与他自己相同的感情——或者，如果他是个伪君子的话，在其他人的身上创造与他自己不同的感情。我这样说并不是在批评宣传者，而是在分析其活动的基本特征。

当一个人说“这本身是善的”时，他似乎是在作一种陈述，就像他说“这是方的”或“这是甜的”一样。我认为这种陈述是错误的。我想，这个人想表达的真正意思是：“我希望大家都想要它”，或者更确切地说是：“要是大家都想要它，那该多好！”如果把他的话解释成一种陈述，那它只不过是对他自己的个人愿望的一种肯定；另

① 试比较一个与亚里士多德同时代的人(不是希腊人，而是中国人)的下述劝告：“人君唯无听私议自贵，则民退静隐伏，窟穴就山，非世间上，轻爵禄而贱有司。”韦利：《道路及其力量》，第 37 页。(此句引自《管子·立政九败解第六十五》——译者)

236 一方面，如果按照一般的解释，那它什么也没有陈述，而只是想望某个事物而已。愿望作为一个事件，是个人的，但它所想望的内容却是一般的。我认为，正是这种个别与一般的奇妙的连锁关系，使伦理学产生了这样大的混乱。

把伦理句和陈述句作一比较，这个问题也许会更清楚些。假如我说，“所有的中国人都是佛教徒”，那么举出一个中国人是基督教徒或伊斯兰教徒就能把我驳倒。假如我说，“我相信所有的中国人都是佛教徒”，那么任何来自中国的证据不能把我驳倒，除非是证明我不相信我所说的话；因为我在断言的只是关于我自己精神状态的某种事情。要是现在有一个哲学家说，“美乃是善”，那我把他的意思既可以解释成“要是大家都爱美多好”（这句话相当于“所有的中国人都是佛教徒”），也可以解释成“我希望大家都爱美”（这句话相当于“我相信所有的中国人都是佛教徒”）。第一个句子并未作任何断言，而是表达一种愿望；既然它什么也没有断定，因此在逻辑上讲，不可能有支持或反对它的证据，或者说，它既不可能
237 是真理，也不可能是谬误。第二个句子不仅是祈愿句，而且确实是个陈述句，不过它陈述的是关于这位哲学家的精神状态，因而只有证明他没有他说他所具有的那个愿望，才能驳倒它。这第二个句子并不属于伦理学，而是属于心理学或传记文学的范畴。第一个句子的确属于伦理学的范畴，它表达一种对某个事物的欲望，但并不作任何断言。

如果以上的分析是正确的，那伦理学就不包含任何陈述，无论它们是正确的还是错误的，而是由某种一般的欲望所组成，即由与一般人——以及神、天使、魔鬼，假如他们存在的话——的欲望有

关的那种东西所组成。科学能够探讨欲望的各种起因和实现这些欲望的方法，但它不可能包含任何真正的伦理句，因为科学所涉及的是什么是正确或错误的问题。

我一直在宣传的这个理论是一种被称为价值的“主观性”的学说。这种学说在于主张：如果两个人在价值问题上意见不一，那么他们不是对任何一种真理有不同的看法，而是一种口味的不同。
假如一个人说：“牡蛎好吃”，而另一个人却说：“*我*认为牡蛎不好 238
吃”，我们知道这是没有什么好争的。这种理论认为，所有关于价值的分歧都属于这种类型，虽然我们在论述那些在我们看来比牡蛎更高级的问题时自然不会这么认为。接受这一观点的主要根据是：根本不可能找到任何可以证明这个或者那个具有内在价值的论据。假如我们的意见都是一致的，那我们也许会认为我们是凭直觉辨别价值。我们不可能向一个色盲患者*证明*草是绿的，而不是红的。但有各种各样的方法可以向他证明他缺乏一种大多数人都具有的辨别力，而在价值问题上，却没有这类方法，而且分歧比在颜色问题上更常见得多。既然解决关于价值的分歧的方法甚至是不可想象的，我们就不得不得出下述结论：这是个口味的分歧，而不是关于任何客观真理的分歧。

这种理论的后果是值得重视的。首先，不可能有任何绝对意义上的“罪”这种东西；一个人称之为“罪”的东西，另一个人也许称
之为“德”，虽然他们也许因这一分歧而互相厌恶，但谁也不可能证 239
明对方犯有理智上的错误。惩罚不能以罪犯是“邪恶的”为理由，而只能以他曾以一种其他人想要杜绝的方式行事为理由，才能证明是正当的。地狱，作为一个惩罚罪人的场所，变得完全没有道

理了。

其次，在那些相信宇宙有目的的人当中常常可以听到的那种关于价值的说法是不能成立的。他们的论据是：某些已经形成了的东西是“善的”，因此世界必然有一个在伦理学上是值得称赞的目的。用主观价值的话来说，这个论据就是：“世界上的某些东西是合我们心意的，因此它们肯定是由一个存在物按照我们的口味创造出来的，所以我们也喜欢它，因而它是善的。”那么，假如有好恶的创造物是存在的话，他们肯定喜欢他们周围的**某些**东西，因为不然的话他们就会感到生活是无法忍受的，这一点看来是相当明显的。我们的价值观是同我们政治制度的其余部分一起发展起来的，从我们的价值观成为现在这个样子这一事实中不可能推断出
240 任何原初的目的。

相信“客观”价值的那些人常常争辩说，我一直在宣传的那种观点有种种不道德的后果。我认为，这种看法是由于推理的错误所造成的。我已经说过，这种主观价值的学说是有某些伦理后果的，其中最重要的是对惩罚和“罪”这个概念的否定。但是，人们所担心的那些更加一般的后果，例如所有道德责任感的丧失，在逻辑上是不可能推论出来的。道德责任如果能够影响行为，那它必然不仅包含着一种信仰，而且还包含着一种欲望。也许有人会对我说，这是在我所不再承认的那个意义上说渴望是“善的”那种欲望。但当我们分析这种渴望是“善的”欲望时，它通常就化为一种希望得到他人赞扬的欲望，或者是一种为了产生我们所希求的某些一般的后果而采取行为的欲望。我们有一些不纯粹是个人的欲望，假如我们没有这种欲望，那么不管多少伦理学说也丝毫不会影响

我们的行为，除非是因为我们害怕自己的行为受到责备。我们大
多数人所羡慕的是那种以大量非个人的欲望为指导的生活；固然，
毫无疑问，这类欲望能被范例、教育和知识所促进，但是，它们不可
能被“它们是善的”这种纯粹抽象的信念所创造，也不可能因对于 241
“善”这个词的意思加以分析而挫伤。

当我们考察人类时，我们也许希望他幸福、健康、明智，或者好战等等。这些欲望中无论哪一个要是很强烈，那它就产生它自己的道德观；但要是我们没有这种一般的欲望，那不管我们的伦理观如何，我们的行为只有在自身利益与社会利益和谐的情况下，才能为社会的目的服务。尽可能地创造这种和谐，那是教育机构的事，至于其他方面，不管我们在理论上给价值下什么样的定义，我们不得不相信各种非个人的欲望的存在。当你遇到一个在伦理观上与你有根本分歧的人时——例如，假如你认为所有的人都是同等重要的，而他却选出一个阶级，认为它是唯一重要的——你就会发觉，相信客观价值并不比不相信客观价值使你更能对付他。总之，你只能通过影响他的欲望来影响他的行为：如果你在那方面取得成功，他的伦理观就会发生变化，反之则不然。

有些人认为，一个一般的欲望，比如说希望人类幸福，如果没 242
有达到那种绝对善的程度，那它就有点不合理。这是由于固执地相信客观价值的缘故。一个欲望，就其本身来说，既不可能是合理的，也不可能是不合理的。它也许与其他的欲望发生冲突，因而导致不幸；它也许引起其他人的反对，因而是不可能令人满意的。但是，不能只是因为举不出感知它的理由，就认为它是“不合理的”。我们也许希求 A，因为它是达到 B 的一种手段，但最终当我们仅

仅与手段打完了交道时，我们必然会得到我们所毫无理由地、但并不因此就是“不合理地”希求的某个东西。所有的伦理学体系都体现其鼓吹者们的欲望，但这一事实却为言辞的迷雾所掩盖。事实上，我们的欲望比许多道德学家所想象的更一般，更少纯粹的自私心；如果不是那样的话，任何伦理学的理论都不可能促使道德的完善。事实上，能使人们以一种比现在更加适合于人类普遍幸福的方式来行动的，并不是伦理学理论，而是靠通过智力、幸福和免于
243 恐惧来培养各种大度、豁达的欲望。不管我们给“善”下什么样的定义，不管我们认为它是主观的还是客观的，那些不希望人类幸福的人不会努力去促进人类的幸福，而那些确实希望人类幸福的人却会竭尽全力去实现它。

我断定：虽然科学确实不能解决各种价值问题，但那是因为，它们根本不可能用理智来解决，它们不属于真伪的范围。任何可获得的知识，它必然是用科学的方法获得的；而科学不能发现的东西，人类是不可能知道的。

第十章　结论 244

前面，我们简要地追述了过去四百年来神学家和科学家之间的一些比较显著的冲突，并试图评断现代科学对于现代神学的影响。我们已看到，从哥白尼以来的这段时期里，每当科学与神学发生分歧时，科学总是取胜的。我们还看到，在有实际争端的领域，譬如在巫术与医学中，科学总是主张减少痛苦，而神学却助长人的天生的野蛮性。毋容置疑，与神学世界观相对立的科学世界观的普及，迄今是有利于幸福的。

但是，这种争端现在正在进入一个全新的阶段，这有两个原
因：第一，在效果方面科学技术比起科学的精神气质来越来越变得
更加重要；第二，一些新的宗教正在取代基督教，而且它们正在重 245
犯基督教所已经悔悟了的那些错误。

科学的精神气质是谨慎、试探和琐碎的；它并不认为自己知道全部真理，或者说，连自己最佳的知识也不认为是完全正确的。它懂得，任何一种学说迟早都要修正，而这种必要的修正需要研究和讨论的自由。然而从理论科学中发展出了科学技术，它根本没有理论的那种试探性。在二十世纪，相对论和量子理论使物理学发生了革命，但是，所有基于旧物理学的发明却仍然为人们所满意。工业和日常生活中电的应用——包括发电站、广播、电灯这一类东

西——是以六十多年前出版的那本克拉克·麦克斯韦的著作为根
据的；我们现在知道，克拉克·麦克斯韦的观点有许多不足之处，
但这些发明中没有一个因此而失效。因而应用科学技术的实践家
们，尤其是雇用这些实践家的那些政府和大公司，获得一种与科学
246 家们完全不同的气质：一种充满无限的权力感、傲慢的确信感，以
及甚至对于操纵人才的快乐感的气质。这种气质与科学的气质是
绝然相反的，但也不能否认，科学一直是在助长它。

科学技术的各种直接效果也绝不是完全有益的。一方面，它们加剧了战争武器的毁灭性，增加了能从和平的工业中抽出来去打仗和制造军火的那部分人数的比例。另一方面，它们通过提高劳动生产率，使得那种依赖于供不应求的旧经济体制很难维持，而且它们还借助于各种新观念的猛烈冲击，使文明古国失去了平衡；它们迫使中国陷入混乱；迫使日本成为西方式的、残忍的帝国主义；迫使俄国力图建立一种新的经济体制；迫使德图力图维持旧的经济体制。我们时代的所有这些弊病部分地是由于科学技术所造成的，因此归根结底是由于科学所造成的。

尽管科学与基督教神学在前哨阵地上偶尔有些小的冲突，但
247 它们之间的斗争基本上已经结束，我认为大多数基督徒会承认，这
对他们的宗教更有利。基督教清除了从野蛮时代沿袭下来的各种
无关紧要的东西，而且基本上纠正了那种迫害欲。在那些比较开
明的基督徒中间仍然保留着一种有价值的伦理学说：听从基督的
教导，我们应当爱我们的邻居；而且他们依然相信，在每个人身上
都有值得尊重的某种东西，虽然他们已不再称之为灵魂。在教会
里，也有一种信念在不断地增强，那就是：基督徒应当反对战争。

但是，就在这种比较老的宗教因此变得纯净而且在许多方面
有益的时候，各种新的宗教产生了，这些新的宗教带有年轻时代的
那种旺盛的迫害热忱，它们反对科学的积极性并不亚于伽利略时
代的宗教法庭。如果你在德国主张基督是犹太人，或者在俄国主
张原子已失去了其实体性，只是成了一系列事素，那么你就会受到
非常严厉的惩罚——也许在名义上对你施加的是经济上的，而不
是法律上的惩罚，但这并不因此而有所宽大。德国和俄国对于知 248
识分子的迫害比近二百五十年来教会的任何恶行都厉害。

当前，首当其冲，最直接地遭受迫害的科学是经济学。在英国——与以往一样，它现在仍然是一个非常宽容的国家——一个人要是他的经济学观点引起政府的反感，那他只要使自己的观点隐而不发，或者只是发表在一定篇幅的书籍中，那么他就可以免遭任何处罚。但即使在英国，在演说或廉价的小册子中发表**共产主义的**见解也会使人丧失生计，有时还可能被监禁一个时期。根据最近颁布的一个法令——它至今还没有充分实施——不仅政府认为有煽动性的作品的作者，而且任何拥有这些作品的人也都得受处罚，其理由是：他也许想用这些作品来削弱陛下军队的忠诚。

在德国和俄国，正统派的势力更大，而且处罚非正统派的严厉
程度也迥然不同。这两个国家各自都有一套政府颁布的教义，那
些公开发表不同意见的人，即使他们逃过死罪，也得在集中营里强
迫劳动。诚然，凡是在一个国家中是异端的思想在另一个国家中 249
就是正统观念，无论哪一个国家中受迫害的人，如果他能逃到另一
个国家，那就被当作英雄来欢迎。但是这两个国家却一致拥护宗
教法庭的学说，即：发展真理的方法就是一劳永逸地阐明什么是正

确的，然后惩罚那些持不同意见的人。科学与教会之间斗争的历史证明这一学说是虚伪的。现在我们都确信，迫害伽利略的那些人是根本不懂真理的，但对于希特勒或斯大林，我们当中有些人看来就不太能确定了。

不幸的是，在对立的双方都出现了纵容不宽容的机会。假如有一个国家，那儿的科学家能迫害基督徒，那伽利略的朋友们也许不会反对**所有的**不宽容，而只是反对对方的不宽容了。假如那样的话，伽利略的朋友们就会把伽利略的学说捧为教义，而曾证明过伽利略和宗教法庭都是错误的爱因斯坦，就会遭到双方的摈斥，而且无论哪里都找不到一个避难所。

也许有人会说：今天的迫害与从前的不同，是政治上的和经济
250 上的，而不是神学上的；但这种辩解大概是不符合历史事实的。路德对免罪说的攻击曾使得教皇在财政上受到巨大的损失；亨利八世的反叛曾使他失去了从亨利三世时代起就一直享有的一大笔收入。伊丽莎白迫害过罗马天主教徒，因为他们想以苏格兰玛利女王或腓力浦二世来取代她。科学削弱了教会对于人们思想的控制，结果使得许多国家发生了大量没收教会财产的事件。经济上的和政治上的动机始终是迫害的原因之一，甚至也许是主要的原因。

总之，反对对不同意见进行迫害的论据并不取决于迫害的借口是什么。这个论据是：我们当中没有一个人知道所有的真理；自由讨论有助于发现新的真理，而压制就会使得新的真理很难发现；从长远的观点看来，真理的发现增加人类的福利，而基于错误的行为有碍于人类的福利。新的真理往往给某种既得利益带来不便；

新教的那个关于星期五不必斋戒的学说，曾遭到伊丽莎白时代的
鱼贩子们的强烈反对。但是为了整个社会的利益，人们应当自由 251
地发表新的真理。

由于最初人们不可能知道一个新的学说是否正确，因此，在提出新真理的自由中必然包含着相等的犯错误的自由。这些已经成为常识的学说现在在德国和俄国遭到强烈的谴责，而且在其他地方也不再被充分地承认了。

目前，对于学术自由的威胁比 1660 年以来的任何时候都大；但它现在不是来自基督教教会。它来自政府，由于近代无政府状态和混乱的危险，这些政府继承了以前属于教会当局的那种极其神圣的特性。反对各种新的迫害形式，不因各种旧形式的衰歇而得意地自我庆幸，这是科学家们和所有重视科学知识的人的明确的义务。这一义务并不因为对某些靠迫害来维护的学说有所爱好而减轻。我们不应当因为爱好共产主义就不愿意承认俄国有缺点，或者不愿意承认不允许批评其教义的政权最终必定会成为发
现新知识的障碍。反过来说，我们也不应当因为厌恶共产主义或 252
社会主义就宽恕德国在镇压它们时所犯下的暴行。在有些国家里，科学家们几乎已经获得了所有他们想要获得的学术自由，这些国家的科学家们应该通过公正谴责的方式表明：他们不喜欢在其他的地方学术自由遭到剥夺，不管是为了什么学说来压制学术自由。

学术自由对其个人来说是重要的那些人在社会中可能是少数，但是他们当中有一些人对将来具有非常重要的意义。我们已经看到了哥白尼、伽利略和达尔文在人类历史中的重要性，而且不

能设想将来再也不会产生这样的人了。如果不让他们工作，不让他们发挥他们应有的作用，那么人类就会停滞不前，一个新的中世纪就会接踵而来，就像在辉煌的古代时期之后接着出现上一个中世纪一样。新的真理往往使人感到不舒服，尤其对当权者来说更是如此，然而在充满残酷和偏执的漫长的历史记载中，它是我们聪慧而刚愎的人类的最重要的成就。

索　引

（索引中的数字为原书页码，即本书边码）

图书在版编目(CIP)数据

宗教与科学/(英)罗素著;徐奕春,林国夫译. —北京:商务印书馆,2017
(汉译世界学术名著丛书:120年纪念版:珍藏本)
ISBN 978-7-100-14768-2

Ⅰ. ①宗… Ⅱ. ①罗… ②徐… ③林… Ⅲ. ①宗教—关系—科学 Ⅳ. ①B913 ②B561.54

中国版本图书馆CIP数据核字(2017)第161067号

汉译世界学术名著丛书
(120年纪念版·珍藏本)
宗教与科学
〔英〕罗素 著
徐奕春 林国夫 译

商务印书馆出版
(北京王府井大街36号 邮政编码100710)
商务印书馆发行
北京市松源印刷有限公司印刷
ISBN 978-7-100-14768-2

2017年12月第1版 开本710×1000 1/16
2017年12月北京第1次印刷 印张10
定价:50.00元